insel taschenbuch 1488
Wien im Gedicht

WIEN IM GEDICHT

Herausgegeben von
Gerhard C. Krischker
Insel Verlag

12. Nov 2006 WIEN

Es ist schade, daß die meisten
Menschen ihre wirklichen
Freunde nicht zu erkennen wissen
und sich dann Freundschaft:
Anerkennung / Aufmerksamkeit bei
Bekanntschaften suchen / holen.
(Lukas)

The Ritchie Boys ...
Wie lebt man mit Vergangenheit?

insel taschenbuch 1488
Erste Auflage 1993
Originalausgabe
© Insel Verlag Frankfurt am Main und Leipzig 1993
Alle Rechte vorbehalten
Textnachweise am Schluß des Bandes
Vertrieb durch den Suhrkamp Taschenbuch Verlag
Umschlag nach Entwürfen von Willy Fleckhaus
Satz: Satz-Offizin Hümmer, Waldbüttelbrunn
Druck: Nomos Verlagsgesellschaft, Baden-Baden
Printed in Germany

1 2 3 4 5 6 – 98 97 96 95 94 93

WIEN IM GEDICHT

wien
irrer
lieb ich dich

dem herzblatt im hawelka
gewidmet

Man kann auf verschiedene »Art« und »Weise« versuchen, einer Stadt näherzukommen, sie kennenzulernen, sich ein Bild von ihr zu machen. Eine der aufregendsten und aufschlußreichsten Möglichkeiten ist, sich führen und verführen zu lassen von Schriftstellern und Poeten, sich an ihre Fersen und Verse zu heften, ihnen aufs Wort zu folgen durch Häuser- und Gedichtzeilen, in Gemütswinkel und Herzkammern.

Eine solche »poetische Annäherung« scheint besonders bei einer so »musischen« Stadt wie Wien angebracht und stimmig zu sein. Literarische Stadt- und Fremdenführer gibt es hier, obwohl die Stadt mehr als Hauptstadt der Musik gilt, genug: Von Abraham a Santa Clara bis Wilhelm Ludwig Wekherlin, von H. C. Artmann bis Josef Weinheber reicht u. a. alphabetisch und chronologisch die Reihe derer, die die Metropole an der Donau besungen und verdichtet haben – nicht immer in den »höchsten Tönen«.

An dieser Stadt scheiden sich nicht nur die großen Geister oder, um mit einem ihrer »Haupt- und Hauspoeten«, Hugo von Hofmannsthal zu reden, das ist eine Stadt, die eher zu lieben und zu hassen ist als zu begreifen und zu verlassen.

»Wien im Gedicht«, diesen Titel trugen schon zwei Sammlungen, eine 1924, die andere 1967 erschienen und längst vergriffen. »Wien im Gedicht« 1993 will keine neue Blütenlese sein, schreibt und variiert das alte Thema fort, fügt den alten und bekannten Kapiteln neue hinzu und versucht andere Ein- und Ansichten aufzuzeigen, legt Wert und setzt Akzente auf (kritische) Zeitgenossenschaft, auf den Blick von Heute auf eine Stadt, der es immer noch nicht gelungen ist, die Last des Gestern abzulegen.

In sieben Kapiteln – wienimmanent »Bezirke« betitelt – wird die Stadt unter jeweils verschiedenen Ge- und Ansichtspunkten beleuchtet und belichtet.

Vermittelt werden soll: eine Gesamtansicht Wiens – eine Stadtrundfahrt zu wichtigen Sehenswürdigkeiten – eine kurze Beschreibung der Umgebung Wiens – ein Blick auf das »andere« Wien der Vorstädte und Hinterhöfe – das Motiv des Todes als besonderes »Moment« im Denken und »Leben« der Wiener – ein Versuch, den »typischen Wiener« zu charakterisieren – das ambivalente Gefühl des Abschiednehmens.

Gleichzeitig wird der Versuch unternommen, alle wichtigen zeitgenössischen Wiener Autoren zu Wort kommen zu lassen. Mit repräsentativen Beispielen wird auch die Dialektlyrik vorgestellt, was bei einer Stadt, in der der Dialekt mehr (oder weniger) ist als eine »Sondersprache«, nicht nur legitim, sondern sogar unumgänglich erscheint.

Im Großen und Ganzen und im Kleinen und Speziellen wurde mit Worten ein Wienbild zu zeichnen versucht, das nicht die Hochglanzansichten der Fremdenverkehrswerbung widerspiegelt, sondern das Janusköpfige, Bröckelnde, Marode dieser einmaligen Stadt.

Gerhard C. Krischker

STADT OHNE GEWÄHR

Ingeborg Bachmann

Stadt ohne Gewähr!

Laßt mich nicht von irgendeiner Stadt reden, sondern von der einzigen, in der meine Ängste und Hoffnungen aus so vielen Jahren ins Netz gingen. Wie eine große, schlampige Fischerin sehe ich sie noch immer an dem großen gleichmütigen Strom sitzen und ihre silbrige und verweste Beute einziehen. Silbrig die Angst, verwest die Hoffnung.

Beim Schwarzwasser der Donau und dem Kastanienhimmel über den schimmelgrünen Kuppeln:

Laßt mich etwas von ihrem Geist hervorkehren aus dem Staub und ihren Ungeist dem Staub überantworten! Dann mag der Wind kommen und ein Herz hinwegfegen, das hier stolz und beleidigt war!

Strandgutstadt!

Denn Länder wurden an sie geschwemmt und Güter aus anderen Ländern: die Kreuzstichdecken der Slowaken und die pechigen Schnurrbärte der Montenegriner, die Eierkörbe der Bulgaren und ein aufsässiger Akzent aus Ungarn.

Türkenmondstadt! Barrikadenstadt!

Soviel zerbröckelter Stein, soviele hohle Wände sind da, daß man es flüstern hört von langher, von weither.

O alle die Nächte, die aufkamen in Wien, soviel bittere Nächte! Und alle die Tage, die es dir hinwarf mit dem Gesumm aus Schulhäusern und Irrenanstalten, Altersheimen und Krankenzimmern, wenig gelüftet und selten geweißt, alle die Tage, von ganz schüchternen Kastanienblüten umschwärmt! O alle die Fenster, die nie aufgingen, alle die Tore, als ging's durch kein Tor hinaus, als gäb es den Himmel nicht!

Endstadt! als gäb es kein Gleis hinaus!

Hofrätliches und Abgetretenes in Kanzleien. Nie ein hartes Wort in den Vorzimmern, immer ein kränkendes. (Hinhalten, nicht abweisen.)

Es ist die Frage, ob man lieben muß, was man nicht lieben mag, aber die Stadt ist schön, und ein umständlicher Dichter stieg auf den Turm von St. Stephan und huldigte ihr.

Alles ist eine Frage des Nachgebens, des Beipflichtens. Aber einige tranken den Schierlingsbecher unbedingt.

Die üble Nachrede ist mit dem weichen Herz im Vertrag. Aber einige hatten ein Herz mit einem wilden flachsigen Muskel und eine Rede, die in Rom gegolten hätte. Sie waren feindselig, verhaßt und einsam. Sie dachten genau, hielten sich rein und ließen die Quallen unter sich.

Einige hatten Worte zur Verfügung, die sie wie Leuchtkäfer in die anbrechende Nacht schickten und über die Grenzen. Und einer hatte eine Stirn, die blau und tragisch erglühte zwischen den Gezeiten aus Sprachlosigkeit.

Scheiterhaufenstadt, in der die herrlichsten Musiken ins Feuer geworfen wurden, in der bespien und geschmäht wurde, was von den aufrechten Ketzern kam, den ungeduldigen Selbstmördern, den gründlichen Entdeckern, und alles, was von dem geradesten Geist war.

Schweigestadt! Stumme Inquisitorin mit dem unverbindlichen Lächeln.

– – – aber das Schluchzen aus lockeren Pflastersteinen, wenn einer darübertorkelt, jung, geschunden vom Schweigen, ermordet vom Lächeln. Wohin mit dem aufkommenden Schrei aus einer Tragödie?!

Komödiantenstadt! Stadt der frivolen Engel und einer Handvoll versatzamtreifer Dämonen.

Schüchterne Stadt im Zwiegespräch, schüchterner Keim in einem Gespräch von morgen.

Stadt der Witzmacher, der Speichellecker, der Spießgesellen. (Für eine Pointe wird eine Wahrheit geopfert, und gut gesagt ist halb gelogen.)

Peststadt mit dem Todesgeruch!

Beim Schwarzwasser der Donau und dem schmutzigen Öl in der Weite:

Laßt mich an den Glanz eines Tages denken, den ich auch gesehen habe, grün und weiß und nüchtern,
nach gefallenem Regen,
als die Stadt gewaschen war und gereinigt,
als sternförmig die Straßen von ihrem Kern,
ihrem starken Herz, ausliefen, gereinigt,
als die Kinder in allen Stockwerken eine neue Etüde
zu üben anfingen,
als die Straßenbahnen vom Zentralfriedhof wiederkamen
mit allen Kränzen und Asternsträußen vom vergangenen
Jahr,
weil Auferstehung war,
vom Tod,
vom Vergessen!

I. BEZIRK
BEKENNTNIS ZU WIEN

REISENDER

Peter Rühmkorf

Melk – Sankt Pölten – Wien,
the world was magic,
und die Donau floß mir durch den Sinn –
Slibowitz!
das ganze Tal roch zwetschig,
und *ich* mittendrin.

Oder geistern schon die Treber-
dämpfe
durch mein eignes Oberhaus?
Manchmal trägt der Zug
mich behutsam wie ein Tortenheber
über mich hinaus.

Wolken, denen ich im Fluge nachsinn,
Zeit,
in die ich mich vertu, vertief –
Aber Achtung,
dieser Altersschwachsinn
ist noch explosiv.

Wenn zum Beispiel mich dein engster
Rock, Meinkind, vom Himmel runterholt
– Nudel- und Marillenstern! –
Ich: gesammelt wie ein Geiselgangster,
dirty-old,
aber nicht mehr fern.

Plötzlich: roter Schinken, weißer Speck:
Fahnen flattern – wen zu grüßen?

Pilger wallen – wem zum Heil?
Manchmal, eh ich aufschau, blick ich weg...
und schon schwanke ich
auf feuchten Freiersfüßen
einsam durchs Abteil.

Ach, ich kann nicht mehr,
ich bin verrückt,
ich leide,
(kilometermüde und gedankenkrank)
Walther! von der Vogelweide,
lös – oh lös
meine Ketten von der Rentnerbank.

Schienenstöße, doch mit immer taubern
Schwellungen
geleiten mich zu Tal, zu Grab –
Leichter sind die Geier anzuziehn
als Fortuna zu bezaubern:
Wien bleibt Wien –
Doch der Genius schreitet fort, schrammt ab.

WIEN

Ricarda Huch

Kaiserstadt Wien!
Ruhmvolles Haupt,
Zärtlich und kühn,
Lorbeer- und rebenbelaubt.

Stromauf, stromab
Völker dir knien,
Schwingst du den Stab,
Herrscherin, Zauberin Wien.

Stolz deinen Dom
Adler umziehn,
Nixen im Strom
Singen in Schlummer dich, Wien.

Kaiserstadt Wien,
Kronenberaubt,
Ewiges Grün
Schlingt dir die Liebe ums Haupt.

WIEN

Februar 1924

Joachim Ringelnatz

Ich werde wohl in wenig Wochen
Bischof und Bürgermeister sein von dieser Stadt.
Nachdem, was man mir allwo hier versprochen
Und mit viel Küßdiehands beteuert hat.

Und andrerseits: nachdem, was man gehalten,
Und wie man mich empfehlend weiterwies
Und überhaupt – es drängt mich, einzuschalten:
Hier ißt und trinkt – – So denk ich mir Paris.

Ich lebe noch, obwohl die Trambahnwagen
Links fahren und sich alles links
Ausweicht. Ich weiß dir mündlich allerdings
Auch vieles Gute über Wien zu sagen,
Für heute laß mich etwas neidisch klagen.

Denn Oper, Fasching, Tanz und Operette –
Ich merkte, zählte... und ich kroch ins Bette.
Und wie sich unsereins hier vor den Läden weidet!
Und wie, was weiblich oder feminin
Ist, hier sich elegant tut und bekleidet –!
Ja Wien bleibt Wien.

Ich seh die Tiere, die man abgeschossen
Um Pelz und Flirt.
Jedoch ich werde mählich was verwirrt.
Ich habe zuviel Heurigen genossen.
Und draußen wuchtet um den Stephansturm

Schon seit acht Tagen böser Wind. –
Der müßte zehnmal stärker – stärkster Wind –
Hier all die Damherrn, Dummen oder Dämen
Jählings entkleiden, nackt wie Regenwurm. –
Wie sich die Zierigen wohl dann benähmen?!

Ach wärst du hier, wär' all das abgetan.
Schlagobers würd' ich um dich häufen lassen.
Auch sah ich winkelschöne, arme Gassen
Und Kirchentürme ganz aus Filigran.

ROM & WIEN
1 Vergleich

Hermann Jandl

alle wege führen nach rom
daher hat rom
keinen sessellift

wien hat einen sessellift
dafür hat rom
keinen wiener bürgermeister

WIEN B. BERLIN

Richard Pietrass

Wenn nichts mehr bleibt
die Kälberstricke reißen
Hoffnungen ins Mahdgras beißen
bleibt mir noch Wien.
Mit Ring und Graben
mit Läden, die haben.

In der Knochenkammer
unterm Stephansdom
vergaß mein Idiom
den preußischen Jammer.
Bei Burgenlandtropfen
Geadeltem Hopfen.

Wenn Furcht mich entleibt
leer die gefegten Därme blasen
Schmerzen das Fell durchrasen
bleibt mir doch Wien.
Würstchen, ihr Wiener
Konnopke: Euer Diener.

Im Prater, um die Ecke
wo noch Walzer klingt
beringt mit unberingt
glüht dein Johann-Strauß-Gesicht.
Ich bleibe nicht
du bleibst, das ich entdecke.

BEKENNTNIS ZU WIEN

Erich Fried

Ob dem, der keine Heimat hat,
ein Liebeslied gelingt
auf seiner Kindheit Vaterstadt,
beladen und beschwingt?
Weil du mit keinem Trunk mich labst,
trink ich zu dir mir Mut. –
Daß du mir doch das Leben gabst,
mein Wien, ist gut.

Du trugst mir meinen Vater aus,
bis dich die Nacht umfing.
Sie brachten sterbend ihn nach Haus.
Er liegt in Simmering.
Ob heut du fernher in mir wirkst,
ob mir dein Pulsschlag ruht, –
daß du mir meine Toten birgst,
mein Wien, ist gut.

Des Knaben Zeit hast du gekannt,
du locktest lang zur Nacht.
Die Mannheit hat mich wundgebrannt,
und du hast sie entfacht.
Auch wenn du, Mädel, längst verkamst
in Not und faulem Blut; –
daß du mir meine Unschuld nahmst,
mein Wien, ist gut.

Du hast mich aufgezogen, Stadt,
dann stießest du mich aus.
Nur wer schon Eis im Herzen hat,

hockt, wo es brennt, im Haus.
Drum, als du Achtundreißig schriebst
in Schande und in Wut, –
daß du mich aus den Grenzen triebst,
mein Wien, ist gut.

Weil ich nun in der Fremde wohn,
verschwimmst du oft in mir.
Und machmal braucht es Mühe schon,
daß ich dich nicht verlier.
Du meine Freude und mein Weh,
du Angst und banger Mut! –
daß ich dich einmal wiederseh,
mein Wien, ist gut.

WIEN

Christoph Wilhelm Aigner

Wenn der Mond den Werbetafeln
leuchtet wachsen dieser Stadt

an jeder ihrer Ecken Zähne
Die jungen Leute haben nur

noch intellektuell Probleme
Die alten zahnlos und verbissen

Heimlichtuer gehen um
und umgehen ihr Gewissen

WIEN

Michael Zeller

Wien,
wenn die Raben breit gespannt
schwer vom schwarzen Stein
verjubelter und leerer Residenzen
ins Laub herab novembernaß
mit magrem Krah
und hofratsstolz
wie Prszybiszil
und eingefrackt
genickten Schritts
mit stumpfem Mund
das Morgenbrot zusammenklauben
grau

WIENER SOMMER

Martina Bilke

Hier tanzt der Tod ein Menuett
und schwenkt graziös die Sense.
Die Donau liegt im alten Bett
und kommentiert die Tänze.
Im Burgtheater zelebriern
sich kommerziale Räte,
du Wien hast nichts mehr zu verliern
verlorenste der Städte.

HERBST ÜBER WIEN

Christine Busta

Die Abende blasen rote Fanfaren
und schütten Laub in den goldenen Ofen,
der Frost bäckt.
Schauder runzelt die Haut des Stromes,
und wie ein Nest voller Sperlinge
steht meine Stadt
geduckt vorm Feuer.

WIEN, DER GLANZ

Uwe Berger

Die kurze Straße
mit den zwei
Läden und
dem Greis, der
aus der Tür
tritt, mißtrauisch
das Wetter prüfend,
grüßt uns
vertraut. Aber
die servile
Verbeugung,
der Schlag in den
Unterleib,
die Tortillas
auf den Tischen
der Taverne,
das Lächeln der
Emigrantin aus Saigon
machen Fremde
aus uns.

Das Eigentümliche,
um das
im Staub der Bücher
und im Geruch
der Hörsäle
gerungen wird – ist
es die laute
Pracht der Ringstraße,
das bittere

Schweigen der Höfe,
sitzt es an
Marmortischen im Café,
geistert es,
Jahrhunderte der
Habsburger, um
die Minarette der
Karlskirche, um
den gebirgsgleichen
Stephansdom? Zu dessen
Füßen geigt man
um Almosen,
und robot-dancer
vollführen ihre
eckigen Bewegungen.

In deinem Gesicht,
deinem nahen,
das in die Ferne
gerichtet ist,
in dem sich
begegnet, was war
und was sein wird,
in deinem Gesicht
seh ich
den Glanz des Ortes,
an dem immer
Völker aus
Osten und Westen,
Süden und Norden
aufeinander
zukamen, blutig
und friedlich,

wo heute
ihre Abgesandten
beraten, weil
es Hoffnung für niemand
mehr gäbe,
täten sie es
nicht.

O DU MEIN WIEN

Peter Henisch

O du mein Wien die Leute tanzen in dieser Stadt
  zwar nicht auf der Straße
doch dem Vernehmen nach sind wir ein überaus
  musisches Volk
Im Kursalon Hübner hocken Gespenster einer
  ausgestorbenen Klasse
und die Geiger winden ihre Violinen aus und der
  Strauß Schani
  schaut innig aus seinen bronzenen Sexhosen

O du mein Wien o doch aus der Fußgängerzone
klingen die bunten Stimmen der Stadtindianer
Du meine Stadt in der ich immer noch wohne
aber die Anrainer empfinden das als
  Geschäftsstörung und ein
  Poet der seine Gedichte
  von Baum zu Baum spannt
  verletzt den Luftraum

O du mein Burggartenwien du mein
  Volksgartenwien vor dem
  Palmenhaus hinterm
  Theseustempel
wo dir die Polizei ihren Kopf ins Aug steckt und
  sieht sich drin um
Dieses Geschau ist rot sie kommen mit zum Exempel
Name: Rimbaud? Profession: Dichter? Hinter
  der Hirnschale des Inspektors
  piepst ein Fahndungscomputer aber
  gewisse Daten sind dort nicht eingespeichert

O du mein Wien auch ich bin dein Kind warum
Obwohl ich dir nicht besonders ähnlich sehe
Zuweilen fühl ich mich hier wie ein Fremder
                                    dann gehe
ich lieber und drehe mich später erst um

WIEN 61

Walter Buchebner

ich fahre mit der stadtbahn 1961 es ist frühling
                        gelbe blüten
    winken und die haare der twens in der adebar
und im hawelka diskutieren die jungen
                  rauchen und diskutieren
    die jungen blei auf den lippen nacht verbrennt
                      ihre augen
und der wein in den gläsern ist wie blut schwer und
                        berauschend
    es erstickt der tag hinter den vorhängen der schatten
rauchen und sterben die jungen aber es ist frühling
                      gelbe blüten
    winken wie zerrissene arme aus dem schwarzblau
                        des himmels

ich fahre in flammendroten pneumatisch geschlossenen
                        wagen
ich fahre unter der straße unter den häusern unter
                 brücken und parks
    die abfallkanäle rauchen in meinem herzen
flamingos stolzieren gelangweilt im stadtpark und
                 nylon leuchtet
    wie feuer über dem sumpfwasser der großstadtalleen
schwärme von schwänen bewegungslos ihre hälse
                 die letzten möven
    die nach hamburg fliegen oder stockholm oder oslo
                        oder
zum nordkap

ich fahre von der friedensbrücke (ich komme aus
                              floridsdorf über
      die donau im 31er aus den rauch und gaswolken der
      arbeiterviertel den schutthaufen der bruckhaufen-
      siedlung die riesige bagger zusammenschieben wie
      spielzeug zerfetzte kinder und bomben aus dem zwei-
      ten weltkrieg im stahlmaul und tränen in den augen)
ich fahre von der friedensbrücke nach hietzing zu den
                              violetten villen
      den von wilden weinranken überwachsenen
                              hauswänden
      den von kapital und wohlstand überwucherten herzen
ich fahre nach hietzing vorbei an schönbrunn der residenz
                              der gloriette
ich fahre nach hietzing der himmel ist grün wie gift

ich fahre mit der stadtbahn 1961 es ist frühling
                              gelbe blüten
      und der grüne himmel aus gift
musil hat wien verlassen wien ist wiederaufgebaut
aber musil ist tot karl kraus ist tot und hofmannsthal
                              ist tot
und trakl ist tot alle namen ausgelöscht und die haare
      der twens wirken wie schlangen in der roten adebar
und im hawelka diskutieren die jungen und artmann
                              ist da und
      der tod hält ernte und er mäht die herzen und er
                              mäht den frühling
      er mäht die nylons und die flamingos floridsdorf
                              und hietzing
      die arbeiterviertel und die villen
und er mäht die stadtbahn
der tod hält seine ernte und der himmel ist grün wie gift
die abergläubischen leute sagen er sei radioaktiv

aber der himmel ist wie immer!
einige sagen: so muß es sein! sie schütten absinth
über den stadtplan von wien und ertränken
                              das bild und den
      maßstab
      und der grüne himmel rinnt über die kaiserstadt
der grüne himmel aus verzweiflung frühling gedichten
                                    gelber
      zitronensonne rauch und unstillbarer sehnsucht

II. BEZIRK
STADTRUNDFAHRT

WIENER PSALMEN

Edwin Wolfram Dahl

1

Die k. u. k. Gruft
Kapuzinergast
Was hast du
vom Defilee?

Was hast du
vom Lageplan?

Die Sarkophage
wie Bleikugeln
in deiner Hand

2

Dich und mich
uns drängts
in die Parks

Grillparzer
thront noch
nahe der Ahnfrau

Brahms sinniert
auf seinem Sockel
und läßt den Ruf
seiner Ersten
im Stich

Vielleicht
hört er Bruckner

3

Zentral
der Große Hof
Frieden

Der Rühmenden
Posaunen
sind verschallt

Uns am Nacken
nah seinem Grab
nuschelt
Hans Mosers Schalk

Grinzing
ließen wir heuer
liegen

Aber Heiligenstadt
symphonientaub

4

Wieder im Stephan
Die tausend Kerzen:
grandiose Blendung
den Augen

Die um Schillinge
anhält als habe
sie nur ein Bein

und bewegt sich
taubenleicht fort

die dankende Frau

5

Tief
in der Krypta

Die Gebeine
geschichtet
zuhauf

Ich
Seelenverwaister
zuunterst
im Dom

6

Verwalte ich
Zweifel?

Bin ich
der lahme Fuß
Kafkas?

Alles fing an
bei der Säule
Pest

7

Maria
am Gestad:

Daß ich
den Mantel
fänd

der alle
Tränen

trägt und
trägt

8

In Silbergefäßen
Augustinerkirch:
die Herzen
der Gekrönten

Was haben wir
vom Anschauen?

Aber im alten Stephan
die Dienstboten-
madonna

44

die uns walzer-
tanzen läßt

9

Einstmals
hatten die Gassen
noch einen
Heiligenschein

»Was opferst du
deiner Bettelhur
auf daß sie
geil wird auf dich?«

Weißt du
Sätze gibts
die gabs nur in Wien
und hörst sie
nie wieder

10

Als der Walzer
donaublau
auftrat

Wie wenn's
Gemüt
aus Kleidern
blitzt

Johann junior
und konnt

45

gar nicht
tanzen

Servus
meine Schöne

Aber du
und ich
wir durch-
schreiten
die Neutralität

11

Wo sie Hugo von H. begruben
im dreiundzwanzigsten Bezirk:

noch einmal
der Bachmann
begegnen

Und sah sie
zuletzt
im Gürzenich
abwesend
romwärts
ihr Blick

Sie ist nicht tot
Ich verbiet es dem Tod
in Salzburg und anderswo

Männer was
verstanden die schon?
Berühmte noch weniger

Die sich verzehrte
verzündete

Und redet
als Feuer
im Werk

12

Ach laß doch
alles Mannsvolk
das nur die Waffen
bis an die Sterne
heranhält

Und machtens
in die Hosen
vor Glück

wenn Eugen der Prinz
das Hohe C sang

Auch ich
verteidige Wien
aber anders:

seine Sprache
und
seine Musik

Schutzmantelschnitt
Mandelbräune:
deine Augen

Und lagen uns über
bei Springbrunnen
bei Kußbrunnen
vor Walzer vor Glück

Und waren entsprungen
der Ausstellung
im Prunksaal

Und lachten hoch
an Plakaten

an Klimt Makart
an Fuchs

bei der U-Station
im Jugendstil

Der Kaffee
mohrenschwarz
lief uns über
die Leber wie Seide

14

Was geben wir

die um Verlorene
wirbt und hurt

Marien
auf dem Heiligen
Strich

von unserm Staunen?

15

(Und wollten
zuunterst im Dom
tote Köpfe
rollen
ins Licht)

Am Graben aber
eines Nachts

da standen
die Seelen der Armen
aufrecht

und nahmen
ihre Leiber an

Abschreiten
inmitten der Hofburg

Vorbei
an der Bibliothek
national

(Die Bücher dort
für die Ewigkeit?)

Dein Paar Lippen
auf meinem Mund

Ich glaubte:
ich brenn dahin

Eine Fackel
wie Kraus

(die treten sie aus)

Von schwer-
mütigen
Ermutigungen

sprach ich
zu dir

Weil wir
in Wien warn

Und nannten
neutralen Boden
ein flüchtig
Paradies

Und wollen
winters
wieder hin

wenn Reinhold Sch.
sein letztes Buch
zu Ende schreit

STADTRUNDFAHRT

Marie Luise Kaschnitz

I

Vergessen kann ich nicht
Die goldenen Augen
Drei, die da schwebten
Den Bahndamm entlang
Übers Lupinenfeld
Über den Schafweidenhang
Immer mir zur Seite
Sanft bis zum Morgengrauen
Und erloschen im rauhen
Unerbittlichen Tag.

II

Eingekleidet in der Kammer.
Rock des Verlorenen
Hemd des Verlassenen
Schuhe des Heimatlosen.
Zu grüßen ist auf der Straße
Das Niemandsgesicht.
Haltung ist anzunehmen
Vor der Säule des Hochstrahlbrunnens
Und die Waffe zu präsentieren
Im Park vor der Sonnenuhr
Mit dem leise wandernden Schatten

III

Ich Treibholz aus dem Lande Unbekannt
Geflößt von den schnellen
Lehmbraunen Hochwasserwellen
Mit meinen Astlochaugen blick ich auf

Zu den Bergen und Wäldern der Krone
Auf den Schanzen
Seh ich die wilden Herbstblätter tanzen
Mit meinen Zweigarmen halt ich fest
Die Compostellamuschel und das Mäusenest
So treib ich im gelben Regen
Ein algenzerfressenes Spuk
Und weiter den Türken entgegen
Gib mir den Reisesegen
Heiliger Nepomuk.

IV

Mein Bruder ist nicht mehr mein Bruder.
Ich hab nur den einen
Der an der Mondleiter sitzt
Und wartet aufs Morgenrot
Und die klirrenden Schritte am Gang.
Und Schwester hab ich nur eine:
Die Sonne, die abwärts muß
Über den Alpenrand
Und reißt noch einmal
Das feurige Gewölk
Zum Kranz ums Haupt sich
Und muß hinab.

V

Mit welcher Inbrunst geht
Den Leidenden und hold
Das Unversehrte an.
Jetzt am Giebel der steinerne Flor
Jetzt die Eisenblüte im Tor
Jetzt mit gebreiteten Flügeln
Der rosige Pelikan
Bei den versunkenen Teichen.

Alles ohnegleichen
Wenn er rollt
Rollt durch die Stadt
Geflochten aufs Rad.

VI

In der Welt springen die seidenen Tänzer verneigen sich
In der Welt laden die Freunde den Freund zur Tafel.
Wie war ich daheim in der Welt.
Jetzt noch, wenn der Herold meinen Namen ruft
Springen die Türen auf.
Aber die seidenen Tänzer sehe ich nicht
Die Wände spiegeln mir mein Gesicht
    Das wüstenblasse und das verwilderte Kleid.
    Unter dem gläsernen Wasser
    Flutet die Algenzeit

VII

Wovon wir leben, nicht vom Brot allein.
Auch vom Fluchtsprung der Rehe
Am Abend im Wienerwald
Leicht übers Unterholz
Und schön gestreckt.
Was wird da aufgeweckt?
Welcher alte Stolz?
Oder wenn der Wind an den Wipfeln reißt
Aufblitzende Silberhaut
Wie Schwalbenflügel die Wolken streift
Wenn der alte Strom nach den Ufern greift
Und erwürgt den blühenden Wein
Mit dem tiefen gurgelnden Liebeslaut –
Woran wir sterben
Nicht am Tod allein.

VIII

Zu hassen wäre
Die Erde, die sich bäumte
Und Dich hinstürzen ließ.
Die Bäume, die Dich demütigten
Da sie unfest wurden
Die Glocken, die Dich zutod erschreckten.
Aber ich bin ein schlechter Hasser
Und sehr allein.
Schon buhle ich mit der Erde der Gärten
Mit dem Glockenspiel von Sankt Peter
Mit den Pappeln am Donauufer: Richtet ihn auf!
Wenn wir sie wiedersehen, die Stadt
Wird ein Gespräch sein wie zwischen Verschworenen
Unverständlich für Dich, für alle.
Du da Erde
Ihr da Glocken
Ihr da vor allem
Pappeln am Donaukanal

IX

Eingestiegen wird kein Halten sein
Kein Aufatmen, wann es Dir paßt.
Mit der Stirne rennst Du die eisernen Türen ein
Karlskirche. Fischer von Erlach
Nach Deiner Schulter faßt
Das grüne Gerippe
Schatzkammer. Funkelnder Schrein
Am Söller der steinerne Gast
Setzt sich zu Dir in den Wagen
Burghof Lippizaner Levade
Des Erhängten Glieder schlagen
Um Dein Gesicht
Barockmusik bei Kerzenlicht

Zu Deinen Füßen im fauligen Bett
Des Ertrunkenen Haupt
Schlägt die Augen auf
Gloriette

                                   X
Lang ist die Zeit, da wir uns keinen Vers machen können
Da die geheimnisvolle Entsprechung mißlingt.
(Singt doch, sagen sie, singt.)
Doch erst, wenn die Netze zum Grunde des Meeres
gesunken
Kommen die Fische, spielen um unser Boot,
Erst wenn von unseren Tauben, den beringten
Keine mehr heimkehrt, kommt die große fremde
Graue, den Ölzweig im Schnabel.

STEPHANSKIRCHE, WIEN

Margarete Hannsmann

Einfach so da steht sie
plötzlich
auf Pflastersteinen
nicht präsentiert
erniedrigt erhöht
durch Beton
wie die Dome in Köln und anderswo
den Wasserspeiern hängt Eis aus dem Maul
anzubeten sind die Verwitterungen
doch der Zahnwehherrgott ist schon Kopie
Frösche kriechen das Kanzelgeländer hinauf
wo sonst gibt es eine Dienstbotenmadonna

mir aber gehört das gotische Händchen
auf Marias Altarbild
wie es den Fuß des Kindes stützt
und der Augenblick vor einem halben
Korpus
abseits
schon mit der Lanzenwunde

WIEN: HELDENPLATZ

Ernst Jandl

der glanze heldenplatz zirka
versaggerte in maschenhaftem männchenmeere
drunter auch frauen die ans maskelknie
zu heften heftig sich versuchten, hoffensdick.
und brüllzten wesentlich.

verwogener stirnscheitelunterschwang
nach nöten nördlich, kechelte
mit zu-nummernder aufs bluten feilzer stimme
hinsensend sämmertliche eigenwäscher.

pirsch!
döppelte der gottelbock von Sa-Atz zu Sa-Atz
mit hünig sprenkem stimmstummel.
balzerig würmelte es im männechensee
und den weibern ward so pfingstig ums heil
zumahn: wenn ein knie-ender sie hirschelte.

WIEN KÄRNTNERSTRASSE

Christoph Wilhelm Aigner

Fieberst du vor den Menschen?
Ihr Stolz ist Feigheit

Sie wachsen hin und her auf dem Asphalt
als suchten sie in Trauer ihre Wurzeln

Wie die Frauenbeine schwitzen und
die bleichen gespannten Bäuche der Männer

Das Rollstuhlmädchen in seiner eleganten Haltung
starrt lange in das Juweliergeschäft

Uns halten nur noch Kleidungsstücke aufrecht
Die Sommerhitze hockt in allen Mauern

Wir wachsen hin und her
als kämen wir noch weiter

KÄRNTNERSTRASSE

Ernst Jandl

Zwischen Opernkreuzung und Stephansplatz
zieht ihr den Spiegel an der Wand und Rosenwangen
aus dem Krokodil der Handtaschen,
ihr Wundersamen.

Süße Lippenblütler,
ertrinken Drohnen in eurem Honig?
Hacken euch die Raben,
die über ihren schwarzen Flügeln Ärmelschoner tragen?

Wilde Wanderblumen
zwischen Kompost und Sommerstürmen,
steckt eure Blüten, bis sie aus der Mode kommen,
auf unser graues Straßenkleid.

KÄRNTNERSTRASSE

Gerhard Rühm

keanddnaschdrossn
vadraudda glaung
blonde
brünedde
keanddnaschdrossn
zwölf hoeb ans
schazzi
hauchd di fedde

weidda obm
is da grobm
und da schdeffe
wingd ma zua
schwoazze
adredde

i bin scho miad
gem s a rua

STADTPARK

Albert Ehrenstein

Liebst auch du den Strand,
Wo meine Seele
Mit roten Drachenadlern
Um die Wette flog?

Schöner Sand ist dort zum Bauen,
Auf dem Wasser Hals der Schwäne,
Enten rufen ihre Jungen,
Und eh dich ein Weh bezwungen,
Eine gute Stimme spricht:

»Horch, noch geht um dich kein Wind.
Schlafe tief,
Der Weg ist blind!«

PRATER

Gerhard Fritsch

Gespenster, ledern, auf knatterndem Blech,
jagen Autokaskaden, jagen sie
tiefer hinein in den Metallherbst.
Eisenbahn schüttert, rumpelt die Tramway,
zwinkert grün und rot drüber hin
die Kursmaschine nach London.

Scheppernd drehn
sich alle Ringelspiele der Flucht,
der Flucht im Kreise,
im Kreis um die Mitte,
wo im Dunkel
Kalafati steht
der große Chinese.

Dunkel ist's dort.
Man sieht ihn schlecht.
Er trägt, geht das Gerücht, nun eine Sanduhr,
hält eine Schaufel
und grinst.

Alles, was wir bezahlen,
ist Geld für die Reise
zu ihm.

S RISNRADL

Manfred Chobot

s risnradl drunt im broda
is a woschechta weana:
waas da deife wia laung sa si scho draat
oiweu im kraas – gauns laungsaum
imma schee bomali nua net hudln
weu do schaut nix gscheits ausse
obwoi sa si draat wiara aundas radl
kummts net weida bleibts oiweu aufan flek bikn
rent nua im kraas wia bledsinich
s risnradl drunt im broda
is a woschechta weana

VORFRÜHLING IN SCHÖNBRUNN

Josef Weinheber

Schwimmendes Frühlicht und Reif im Schatten.
Damals war Sommer, lange ist's her.
Kunstvolle Schnörkel auf stillen Rabatten,
nackte Erde, braun in dem matten
Grün der Parkette, und blumenleer.

Schwarz in dem strengen Schnitt der Alleen
knorplig verkrüppeltes Astgeschling.
– Ewig verklungenem Kinderflehen:
»Mutter, ich möcht die Giraffen sehen…«
schwebte zur Seite ein Schmetterling.

Marmornes Fischweib, der Flut entwunden,
– golden huschten die Fische darin –
schützt mit dem Arme den Blick der runden
Steinaugen, sinnlos und stolz gebunden
in die Gebärde seit Anbeginn.

Grotte des Meergotts. Heilige Rosse
spielen versteint auf geschwungenem Wall.
Muschel und Dreizack, Felsen und Flosse,
– blau stand der Himmel über dem Schlosse,
wunderbar blau wie nur dazumal.

Gelbe Pilaster vor bräunlichem Grunde.
Adelig schwingt sich die Treppe hinan.
Herren im Weißhaar gehn ihre Runde,
schmächtige Sonne, flüchtige Stunde,
zart und zerbrechlich wie Filigran.

Zart und zerbrechlich, wie nun von droben
die Gloriette herniedergrüßt.
Fürstlicher Traum, in den Himmel gehoben,
laß mit den Augen des Knaben dich loben,
dem du ein Wunder gewesen bist.

Drüben im Kammergarten hantieren
Gärtner mit Leiter, Säge und Scher',
Knospen glänzen und Amseln probieren.
Hier ging vor Zeiten der Kaiser spazieren,
aber der Kaiser ist auch nicht mehr.

Kinder spielen mit Ball und Reifen
mütterbewacht in der Stillen Allee.
Frühling wird, kann es das Herz nicht begreifen?
Marmorweiß stehen die Götter in steifen
Tuniken, zeitlos in Wonne und Weh.

Eden aus helleren Kindheitstagen,
immer noch da, und so namenlos fern!
Eben hat fein eine Glocke geschlagen –
Ach, auf dem blauen Matrosenkragen
prangten dem Knaben drei schneeweiße Stern...

VORFRÜHLING

Hugo von Hofmannsthal

Es läuft der Frühlingswind
Durch kahle Alleen,
Seltsame Dinge sind
In seinem Wehn.

Durch die glatten
Kahlen Alleen
Treibt sein Wehn
Blasse Schatten.

Und den Duft,
Den er gebracht,
Von wo er gekommen
Seit gestern Nacht.

SCHÖNER BRUNNEN, SCHÖNBRUNN

Friederike Mayröcker

ach unratbar wie dein Herz riesig gelb *lupend lumpend* die
    die
Wunderblüte Welt wie schwimmt gegen Mittag
    eben-orange, die
Bäume in Töpfen zwischen dem dunklen Laub leuchtend
    Zitronen, nie
sah ich es so nie sah ich ähnliches mir ans Herz, zwischen
Viale Buozzi einmal die römischen Gärten: zwischen
    Viale Buozzi
(Votivköpfe der Gärten des Hotels Byron) plötzlich die
    gelben die
goldgelben Früchte gesichtet, ich erstarrte, ich weinte
    Zitronenbäumchen
wirkliche Früchte im dunklen Laub, auch kleine
Feuerzungen im Becken, die schwärmenden Fische:
    Goldfische rötlich
bis blaß, schwarzflossig mit dunkler Mähne und Grat,
    rötliche
Schatten zuweilen, der in größeren Tiefen fliegenden
    Goldfische (zwölf)
zwölf Inseln, von Insel zu Insel wasserliliengrün wechseln
    die Tiere,
Blattinseln im Teich schwimmende grüne Rondeaus,
    vereinzelte
Blüten ein zartes Rosa, ein Gelb.. alle sieben Jahre du
    weißt
kehrt unser Leben sich um, es ist wieder so weit!, die
    dünig die
Regenwurzen am Himmel, Meerblau und Meermilch
    gegen

zerrinnende Küstenstreifen, mitten drin Vögel als Punkte,
    muskulöse
Schwärze der nassen Neptune und ihrer Nebengötter, im
    Teich nach
Dezennien Verschlungenes: Zeit und Blick, vom
    verschneiten Votiv-
kopf (damals im violetten Licht) läßt sich jetzt kein Bild
    machen,
jetzt wo die Sonne noch brennt im Rücken, am Schädel,
    rechtshändig,
-schründig die Abgründe Welt oder was, unruhiges
    Instrumentieren!, die
jüngsten, zwischen den Strähnen, die Lüfte, auch Gestöhn
    Häusergezücht,
jung caramelfarben die Schultern der Söhne: imaginäre
    Schmeichler
(Chimären), in allen Sprachen der Welt, so scheint es, die
    Ausrufe,
Rufe, Schreie, Gespräche – wer wagte da noch an die
    Deklassiertheit von
Sprachen zu denken, wer könnte solches behaupten, wie
    wenig beweglich
unser Gehör, stummer Spiegel des Schwans in der
    Rundung des Teiches,
Strauchmargarite in Fetterhenne (sehr rot sehr glänzend),
    es bläht
und bläst und federt und fiedert, die Luft, der Himmel,
    mit vollen
Backen du weißt gespreiztes Gefieder, und an der Spitze
    der
beiden ragenden Obelisken (ausgangs, eingangs) die
    vollen Raben,
vergoldet flugbereit, da ziehen Menschenschlangen hinauf,
    gloriettewärts,

säumen die obersten Ränder der Anhöhe, darunter
  nachgebildet der
Brunnen von Trevi, Endlosschleife der Beete, vielleicht
  kryptische
Alphabete, kryptische Botschaften, die Kuppelgänger so
  grün verstreut, in vielen
Sommerfarben / und Mumie: rotschädelig *sandalisiert,*
  ich weiß nicht
die Haut den jungen Sohn an der Hand, der läßt
  chinesischen Drachen
schweben, schon auswächst und -wuchert nach vier zeigt
  die Uhr, die
Kugeln von Buchs, und Dottergelbes strebt in die Aula, da
  fieber-
massiger Neptun nochmals sein Haupt,

(Briefe, Reliquien)

SCHEMBRUN

H. C. Artmann

waun e noch schembrun gee
ge r e bein haubtdoa r eine
und omad bein maxingdial
ge r e wida r ausse..

schembrun:
    bein haubtdoa r eine
schembrun:
    bein maxingdial wida r ausse
schembrun..

en früjoa scheint d sun
und da mond
und de schdean

waun e in s boemanhaus kum
schdüü i da r a boa bluman!

schembrun..

en suma rengd s olawäu nua
waun s ned soi –
en diagoatn schaun d ölefauntn
med eanare aung en d woikn..

schembrun..

en heabst is da himö blau
und de blaln schleiffm umadum

waun e endlech duat drom
bein maxingdial wida r aussekum
daun muas e *linx* ume iwa d *maua*!

schembrun..

bein eigaung unt
schrein en naboleaun seine goidan odla
bein ausgangl om owa
is nua mea da fridhof
met de fün liachtaln..

BEFEHL DES BAUMEISTERS BEIM BAU
DER PRINZ-EUGEN-STRASSE

Ilse Aichinger

Gleich zu Beginn
Ein breiter Streifen Wind,
An seinem Rande pflanzt den Essigbaum.
Vergeßt die Tauben nicht,
Und bald – ich schwör es –
Geht der Staub
An euren Türmen hoch,
Wenn diese Wolken
Sich zu den helleren am Himmel schlagen,
Kennt ihr das Muster,
Findet ihr den Plan.
Gegeben am –

BELVEDERE

Ernst Jandl

Der Wind spielt Fluß mit der Haut des Teiches.
Er kommt durch das Tor mit den Löwen,
zerbricht dem Wasser den Spiegel des Schlosses
und reizt es: erreich es!

Ein Meister der Gleichzeitigkeit,
zieht er durch das Tor mit den Löwen,
reibt sich an den Wangen grünbärtiger Bäume
und empfängt sich an der Wand des Schlosses.

Solang er mit der Haut des Teiches Fluß spielt,
saugt er aus der Fassade des Schlosses
den Geschmack eines oft wiederholten Kusses
und kümmert sich nicht um gereiztes Wasser,
dem der Rand des Teiches zu hoch ist.

Ein Meister der Gleichgültigkeit,
reibt er sein Kinn an der Stirn des Schlosses,
greift über auf die Stadt hinter den Schultern
                                des Schlosses
und kümmert sich nicht um gestrandetes Wasser
im Sand vor den Stufen des Schlosses.

AUF DEN STUFEN
ZUM UNTEREN BELVEDERE

Christine Busta

In wie vielen Liebenden waren wir schon,
in wie vielen werden wir noch sein?
Heut aber sind wir in uns – füreinander
das Herbstlicht unter dem Fittich
melodischer Taubenflüge
das Engelswehen leiser Fontänen,
das Geheimnis des Lächelns,
verwitternder Sphingen aus Stein.

III. BEZIRK
KURZE BESCHREIBUNG
DER UMGEBUNG WIENS

GROSSE LANDSCHAFT BEI WIEN

Ingeborg Bachmann

Geister der Ebene, Geister des wachsenden Stroms,
zu unsrem Ende gerufen, haltet nicht vor der Stadt!
Nehmt auch mit euch, was vom Wein überhing
auf brüchigen Rändern, und führt an ein Rinnsal,
wen nach Ausweg verlangt, und öffnet die Steppen!

Drüben verkümmert das nackte Gelenk eines Baums,
ein Schwungrad springt ein, aus dem Feld schlagen
die Bohrtürme den Frühling, Statuenwäldern weicht
der verworfene Torso des Grüns, und es wacht
die Iris des Öls über den Brunnen im Land.

Was liegt daran? Wir spielen die Tänze nicht mehr.
Nach langer Pause: Dissonanzen gelichtet,
                              wenig cantabile.
(Und ihren Atem spür ich nicht mehr auf den Wangen!)
Still stehn die Räder. Durch Staub und Wolkenspreu
schleift den Mantel, der unsre Liebe deckte,
                              das Riesenrad.

Nirgends gewährt man, wie hier, vor den ersten Küssen
die letzten. Es gilt, mit dem Nachklang im Mund
weiterzugehn und zu schweigen. Wo der Kranich
im Schilf der flachen Gewässer seinen Bogen vollendet,
tönender als die Welle, schlägt ihm die Stunde im Rohr.

Asiens Atem ist jenseits.

Rhythmischer Aufgang von Saaten, reifer Kulturen
Ernten vorm Untergang, sind sie verbrieft, so weiß ich's

dem Wind noch zu sagen. Hinter der Böschung
trübt weicheres Wasser das Aug, und es will
mich noch anfallen trunkenes Limesgefühl;
unter den Pappeln am Römerstein grab ich
nach dem Schauplatz vielvölkriger Trauer,
nach dem Lächeln Ja und dem Lächeln Nein.

Alles Leben ist abgewandert in Baukästen,
neue Not mildert man sanitär, in den Alleen
blüht die Kastanie duftlos, Kerzenrauch
kostet die Luft nicht wieder, über der Brüstung
im Park weht so einsam das Haar, im Wasser
sinken die Bälle, vorbei an der Kinderhand
bis auf den Grund, und es begegnet
das tote Auge dem blauen, das es einst war.

Wunder des Unglaubens sind ohne Zahl.
Besteht ein Herz darauf, ein Herz zu sein?
Träum, daß du rein bist, heb die Hand zum Schwur,
träum dein Geschlecht, das dich besiegt, träum
und wehr dennoch mystischer Abkehr im Protest.
Mit einer andern Hand gelingen Zahlen
und Analysen, die dich entzaubern.
Was dich trennt, bist du. Verström,
komm wissend wieder, in neuer Abschiedsgestalt.

Dem Orkan voraus fliegt die Sonne nach Westen,
zweitausend Jahre sind um, und uns wird nichts bleiben.
Es hebt der Wind Barockgirlanden auf,
es fällt von den Stiegen das Puttengesicht,
es stürzen Basteien in dämmernde Höfe,
von den Kommoden die Masken und Kränze ...

Nur auf dem Platz im Mittagslicht, mit der Kette
am Säulenfuß und dem vergänglichsten Augenblick
geneigt und der Schönheit verfallen, sag ich mich los
von der Zeit, ein Geist unter Geistern, die kommen.
Maria am Gestade –

das Schiff ist leer, der Stein ist blind,
gerettet ist keiner, getroffen sind viele,
das Öl will nicht brennen, wir haben
alle davon getrunken – wo bleibt
dein ewiges Licht?

So sind auch die Fische tot und treiben
den schwarzen Meeren zu, die uns erwarten.
Wir aber mündeten längst, vom Sog
anderer Ströme ergriffen, wo die Welt
ausblieb und wenig Heiterkeit war.
Die Türme der Ebene rühmen uns nach,
daß wir willenlos kamen und auf den Stufen
der Schwermut fielen und tiefer fielen,
mit dem scharfen Gehör für den Fall.

KURZE BESCHREIBUNG
DER UMGEBUNG WIENS
Montage

Gerhard Rühm

schon vor vielen jahrhunderten lebten menschen in
                              unserm heutigen wien.
wie eine riesenblume wuchs die stadt.
der lehrling musste das kind ehrlicher eltern sein.
wenn er ein gesellenstück machte, war er ein geselle.

die tiere arbeiten für uns.
wir wollen den tieren helfen.

der horizont.
er ist elastisch und dauerhaft.
er wird für möbel bei brückenbauten und fassdauben
                              verwendet.

von der stirne tropft der schweiss.
die herbstzeitlose blüht erst auf den feuchten wiesen.
sie ist in allen ihren teilen giftig.

hoch auf dem kahlenberg zu stehen,
                     hat keiner noch bereut!

wo treffen wir sie?
wo wohnt sie?
wie sieht sie aus?
es reicht im frühjahr nicht mehr aus.
bauchseite behaart.
rüssel zum wühlen.

der mensch ist ein nützliches tier.

wintervorbereitungen im tierreich:
die vögel fliegen fort, weil sie keine nahrung finden.
ein ausflug auf den hermannskogel.
der wald.
das junge reh heisst kitzler.
zarte knospen und zarte blumen.

das reh gibt uns einige eigenschaften:
scheu,
empfindsam,
flink,
naschhaft;
musik und lateinische sprache.

die städter fahren hinaus, um die gute luft zu geniessen.
dann sind sie gebrauchsfähig und werden abgeführt.

eisen und eine nacht.

die körper dehnen sich durch wärme aus.
einen flüssigen körper haben.

damenschmuck tragen.

das wiener becken.

die hohe wand ist ein beliebtes ausflugsziel.
unsre berge sind zum teil riesig hoch und schrecklich steil.
und du schauerst unentwegt,
wo ein mensch den gamsbart trägt.
(ei, du glaubtest im gesicht.)

treue: auf der unterseite zwei wachsstreifen.
nur die schuppen fallen ab.
wie sieht es nun aus?

vor rund 120 jahren fuhr die erste dampfeisenbahn
                                von floridsdorf
bis deutsch-wagram: unbequem und gefährlich.

auf nach mariazell!
wir fahren mit der westbahn nach st. pölten.
der städter sucht erholung.
sein fleisch klammert sich an die knochen.
sein namenstag liefert strom für österreich.

sonntag für sonntag ziehen lachende volkskörper mit
        gefüllten rucksäcken in die herrliche bergwelt.
was gibt es dort?
erholungsorte.

die biene wohnt im bienenstock.
der mann wohnt im eierstock.
vom ei zur biene: 21 tage.

nagel ist nur einer in jedem stock.
regelmässig die nägel schneiden.

greifenstein.
zuerst burg, später ruine.

zerkleinerung: zerschneiden in stücke.
die blätter werden entfernt.
gewaschen.
der saft wird den feilen entzogen.

die schenkel kommen an die bauern zurück und werden
                        als mastfutter verwendet.

der mensch ist dick genug, um die erde zu ernähren.

die ruine greifenstein zieht viele ausflügler an.
die wichtigste bahn ist die franz-josefsbahn.
wir wollen sie schützen,
weil sie uns nützen.
die zunge ist rückwärts angewachsen
                        und kann vorgeklappt werden.

fast jeder ausflügler trägt hosen und beisst, was ihm
   zwischen die zähne kommt.

der granit wird in der stadt für pflastersteine
                        und denkmäler verwendet.

WIEDERSEHEN
MIT DEM WIENER WALD

Rose Ausländer

Waren wir Feinde
als der Friede schlief

Träumtest du mich
wie ich dich
wurzeltief

Ein Vogel rief
Ich kam zurück

Wirbst du mich
junigrün
Erlkönig Wald

In deine Wurzeln verstrickt
ich bin eine
Astgestalt

Verwandelst
mein Fühlen mein Denken
meinen Atem grün

Vor lauter Bäumen
seh ich mich nicht

Vor lauter Vögeln
hör ich mich nicht

Sind wir Freunde
Erlkönig Wald
Kennst du mich
wie ich dich
wurzeltief

LEOPOLDSBERG

Heinz Czechowski

> *Asiens Atem ist jenseits.*
> Ingeborg Bachmann

Wir setzen uns auseinander. Immer
Haben wir uns
Auseinandergesetzt. Uns
Auseinandersetzend,
Sitzen wir
Auf dem Leopoldsberg.

Hier
Reden wir über Heiner Müller;
Ich bin der Tod und
Komme aus Ostberlin,
Der Tod muß ein Wiener sein, der Tod
Ist ein Meister aus Deutschland.

Wir sind nicht mehr,
Was wir waren, wir waren nicht,
Was wir sind: blind
Tasten wir nach den Gläsern.

Unten die Donau
Zieht träge vorbei.
Orte wie Reizworte:
Kahlenbergdorf, Klosterneuburg, Heiligenstadt –
Man hätte
Mehr aufschreiben müssen,
Denn wer viel aufschreibt,
Trifft mitunter ins Schwarze.

Ins schwarzgelbe Österreich, beispielsweise,
Denn der Jude
Ist noch immer
An fast allem schuld.

Asiens Atem ist jenseits.
Hier
Erinnre ich mich an das,
Wozu kein Erinnern
Mehr nötig ist: an das,
Was jetzt fern ist, an
Die Verflechtungen der
Gewesenen Zeit.

Dem Geyer gleich
Oder den Bombenflugzeugen,
Einschwenkend über dem Donauknie,
Die Stadt zu erreichen,
Deren Türme im Dunst
Vergehn wie im Rauch.

Die Geschichte,
Eingeschrieben
Mit Maschinengewehrsalven
In den Putz vom Karl-Marx-Hof und
Moritaten,
Überliefert
Aus Josephinischem Zeitalter:
Alles Vergebliche
Mündet dort,
Wo die 7
Ihre Schleife beschreibt:
Gaststätte ENDSTATION,
Ehrengräber für jene,

Die mit Geduld
Auch diese Stadt überlebten.

Sich ähnlich wähnende Wanderer
Wechseln den Blick auf Sankt Marx:
Die Schachtgräber
Signalisieren Einsturzgefahren und
Erinnerungen an verfilmte Legenden,
Doch niemand kennt mehr
Hans Pemmer und seinen Satz
Vom vereinsamten Friedhof.
Die Gräber sind fern.
Die Gräber sind nah.
Die Testamente
Flattern im Wind.

Es gibt keine Rückkehr.
Das Ziel
Ist ungewisser denn je. Die Zeit
Steht nicht still,
Auch wenn die Uhren
Verstellt sind.

Wir setzen uns auseinander,
Wir haben uns auseinandergesetzt. Am Ende
Erhebt sich das Schweigen
Über so vieles,
Von dem nicht mehr
Zu reden sein wird.

KALVARIENBERG

Josef Weinheber

Alt-Wiener Gigerlfutter, Dätteln, Feign,
Papierschirm, Teddybärn und Kindergeign,
Wurschteln und Puppen, Blechuhrn, Gummibålln,
mit Vornam ausstaffierte Jausenschåln,
vü' Taschelziacher und ka^n Detektiv,
der ideale Druckknopf »Nur ein Griff«,
Pistolen, Tomahawks und Federhaubn,
ein Durcheinand und Wirbel, net zum glaubn,
Kruppzeug von Madeln, dreizehn, vierzehn Jåhr,
verwogne Kappelbuam mit pickte Håår,
Holzteller, Kollöffeln und Schächtelwerch,
echt brandgemålt: »Gruß vom Kalvariberg«,
Bamkraxler, Ratschen, Trummeln, Luftballaun,
a Schreihåls: »Hier die letzte Sensatiaun«,
dazwischen Kinderg'wirkst und Kinderglück,
versoffne Tippler, gierig auf an Tschik,
blecherne Saxophon und Zeppelin,
kopfgroße Juxpaketln und nix drin,
kandierte Äpfeln, Zelteln, Kokosnüß,
Wurstzeug aus Marzipan, mit Fliagnschiss',
»Das Wunder-Ei, zehn Groschen nur ein Stück«,
und wieder Kinderg'raunz und Kinderglück,
der erste schöne, wårme Tåg im März,
dazua das guade, ålte Wienerherz,
wås in sein Leichtsinn, in sein Übermuat
auf sei^n Art fåsten und in sich gehn tuat,
von Aschermittwoch bis Kårsamståg nei^n –
So wår's, so is's und so soll's immer sei^n.

KAWAREBEAG FOTAGRAFIAN

H. C. Artmann

med ana kamara
kawarebeag untn
med ana kamara
kawarebeag om
med ana kamara
auffe und owe
med ana kamara
geng an kawarebeag
geng de bamgraxla
geng an kawarebeag
geng de rodn und
d blaun und d göm
und geng d grina
indeanahaumafedan
med ana kamara
auffe und owe und
ume und iware und
ausse und eine und
schif und grod
und linx fabei
und rechz fabei
und rundumadum
   um s dawanakl und
duach n himö hoch
und duach d höö has
und kawarebeag untn
und kawarebeag omad
med ana kamarakamara
. . . .
bis das de brenesln

aus n objegtif
aussaschbrizzn!

IV. BEZIRK
WIENER HINTERLASSENSCHAFT

WIENER ELENDSVIERTEL

Ernst Waldinger

Es ist so häßlich hier wie überall
In den Quartieren der Enterbten;
Es riecht nach Krankheit, Laster und Verfall
Rings in den küchenduftdurchgerbten
Und trüben Stiegenhäusern; und nach Stall
In alten Höfen, voll vom Sonnenschein –:
Der Wienerwald blickt überall hinein.

Auch hier stehn vollgepfercht die Zinskasernen;
Besoffne lallen; Weiber keifen;
Ein Kind plärrt leiernd beim Gedichterlernen;
Aborte plätschern; Buben pfeifen;
Doch grüßen hügelgrün die nahen Fernen,
In Fenstern schwingen Wiesenhang und Wein –:
Der Wienerwald blickt überall hinein.

Es ist so häßlich hier wie überall
In den Quartieren der Enterbten;
Zerfetzte Groschenblätter; Schutt und Schwall
All des Zerbeulten und Zerscherbten;
– Im Torweg dröhnt Maschinenwiderhall –
Doch ahnt man Grasgeruch und Grillenschrein –:
Der Wienerwald blickt überall hinein.

I WON ZIMLECH WEIT DRAUST

H. C. Artmann

i won zimlech weit draust
geng schdaahof zua –
anahoeb schdund fost
fon schdeffansbloz wek..

waun e en suma z laung aufbleib
so bis zwaa oda drei in da frua
do lost me da hau fon wisawii
nima r eischloffm –
so schreid a r und singd a
aus seina holaschdaun ausse..
(wisawii is en hean dwoaschak
sei logabloz..)

hinta da blaunkn fon den logabloz
woxn grodnbledschn und brenesln
woxn d hendln und da hau
woxn d uanschliaffa und d ostln
woxn d ziagln und s mäuta
woxt da gruch fon deea
und frischn hoez

woxt da schnee und da reng
und de sun aus *de* holaschdaun ausse
de wos hinta dera blaunkn
aus n hean dwoaschak sein grob
aussewoxn..

i won zimlech weit draust
geng schdaahof zua

und do lost me eftas da hau
en da frua nima r eischloffm...

UNSA HAUS

Christine Nöstlinger

Bei uns im haus wast ois.
Das de freun Dona ima a rode kombinesch auhod,
weu des sichst, wauns sa si ausziagt,
iban hof ume durchs fensta.

Das de Edlinga dreimoi d wochn an köch haum,
weu des riachsd, wauns erm aufwama,
iban gaung ume, durchd tia.

Das da Duschanek bsoffn is und no an rum wü,
weu des hearsd, waun a hamkumt,
mitn in da nocht, bei da haustia.

Und dasd Meia ned staubwischt, des was ma a,
weu ma sichd, das ni an fezn ausbeild beim fensta.

Und dasd Berga nigs kocht, des riachd ma a,
weu ma ibahaubt nigs riachd, waun ma vuabeigeht,
bei ira tia.

Und dasd da Sima gor nima hamkumt, des head ma a,
weu ma seid ana wochn de oide nima keifn heard,
in da nocht.

Und das ma ole bedint san, sogt da voda,
des wis ma,
des brauchd uns kana sogn.

WIENER HINTERLASSENSCHAFT

Günter Kunert

Ein Schacht der Hof
sehr eng
das Quergebäude ockerfarben wie sonst nur
öffentliche Bauten landwärts
(Klöster und Kapellen).

Im ersten Stockwerk unser Zimmer
mit Aussicht auf die Enge
ausgefüllt von einem niedern
was wohl verbergenden
Schuppendach voll Kraut und Unkraut
wie der Blick erkennt fällt er hinab
aus dem Fenster.

Zum Himmel kann hier keiner fallen.

Zwischen zwei Betten ein
menschengroßer Spiegel hoch und schlank
dem wir unser bewegtes
lustvoll laokoonisch aufgerecktes
aufgeregtes
Abbild hinterließen.

WIENER WINKELGASSE

Ernst Waldinger

Die Wölkchen, welche westwärts wandern,
Fegt leichter Wind am Himmel aus;
Die Kübel mit den Oleandern
Trug schon der Kellner vor das Haus.

Die Tauben schnäbeln ohne Scham
Und gurren in der Sonnenwärme;
Ein Hupenlaut hallt hier schon zahm
Herüber aus dem Straßenlärme.

Die Gunst von längst verschollnen Grazien
Erwacht hier jedes Jahr auf's neu;
Geruch von blühenden Akazien
Weht aus den Höfen heiß und scheu.

MOOSLACKENGASSE

Julian Schutting

Name, dich ein wenig aufzuhellen
frühmorgens auf der Fahrt zur Arbeit
im Auftauchen aus einer Bahnunterführung
von einem Straßenschild zu lesen,
blauer Wegweiser mit weißer Schrift
zu Tankstellen, Maschinenhallen
und Reparaturwerkstätten,
Gedenktafel zum Gedächtnis
aus moorigen Tümpeln trinkender Hirsche,
auf daß, was in einem einzigen Wort
erblindet nachlebt als seine Legende,
die trübselige Aussicht auf
Nicht-wasserblaues und Nicht-pappelblattweißes
mit Bildern überschwemmt der verdrängten Au,
Fischnetze und aus Morgennebeln tretendes Blau,

aber sieh nur genauer hin:
als wäre Jüngster Tag
der lebendig eingegrabenen Natur
und ihr Erwachen aus der Verschüttung,
sprengen Weiden und Pappeln das Grabdeckel-Land,
drängen Pappeln und Weiden
durch Risse im Asphalt aus dem Ersticken,
aus Aufschüttungen und Autowracks blüht die Au,
weißer Donausand streut sich in die
endlich nach Auwald riechende Autobus-Luft,
und wenn sie mit der Bagger-Friedhofsschaufel
tief genug ins Erd- und Schotterreich fassen,
steigt das zugeschüttet nicht Erde gewordene Wasser

aus knietiefen Lacken, hebt ein moosiger Karpfen
verwundert sein dümmliches Haupt,

aber selbst wenn auch diese Pappeln
ins Ersticken sprießen:
in der blau-weißen Fahne des Autohändlers
gegenüber der Station *Mooslackengasse*
kräuselt sich die alte Donau,
durch ein Fenster des zwölften Stockwerks
wirst du sie lebend wiedersehen

WÄHRINGER TAGE

Wolfgang Diehl

Aus einer suchenden Welt
ein Suchender
in die Vergessenheit gestolpert
einer Parterrewohnung
hineingefallen in die Kälte
eines in Weiß erstickenden
Winters. Nächtlich schippten wir
Penner und Asoziale
Schnee in die Kanalisation
und rüttelten Straßenbahnschienen
frei für die Fahrt in die Wolken.
Anderntags Liegen im kühlen Bett,
anderthalb Zimmer ohne Wasser
in beständiger Dämmerung
bei 15 Grad minus Pappe
vor den zerbrochenen Fenstern,
die Aktualitäten wärmten die Füße
ganztägig
Grillparzer mit Weinheber
kopulierend. Ein Wien
voller schwarzer Bäume
und schreiender Rabenwolken
am Donauufer
zerplatzten die Wochenendhäuser
beängstigend.
Die Statisten hatten das Lächeln
verpfändet aufd Nacht.
Mit dem Kneipenduft verströmte
die Welt Resignation.
Der Donaukanal wurde zum Ozean

großer Erinnerungen
und gespiegelten Lichts.
Nächtliche Gesänge,
vom Rausch in die schwarzen
Hinterhöfe getrieben,
fluchtbereit
die Gewalt abgetastet,
die aus zerbröckelnden Fassaden sprach.
Die Milde burgenländischen
Herbstes zerstob
nächtens an eisigen Brunnenkaskaden.
In den Alleen Schönbrunns
kümmerten die Verstecke
eine durchleuchtete Existenz,
hauste die Armut
der Nachfahren keimfrei.
Melancholie fand keine Schatten
mehr zum Versteck.
Der Biß des Winters legte
kühle Seelen frei
ein dürres Geäst und fror
den Schmerz ein
zur Geste der Dauer.
Im glanzlosen Licht
spielten die Passanten sich selbst.
So ohne Zukunft warf man
das Gewesene weiter fort.
Diese Armut
ist ein bösartiges Vexierbild
der Poetenidylle
für Poeten.
Was es an Hoffnung gab,
blieb Theorie.
Die Kühle hielt

das beständige Bedauern
frisch.

In den Vorstädten zuckte
bedrohlich die Lichtreklame
in die Watte der Straßenfüllungen.
Die Passanten bezogen
gegen Weihnachten
Stellung, in den Kneipen
zerbarst das Gemüt
zum Lamentieren
und der Gesang hobelte
die Narben von den empfindlichen
Seelen. Der Wein ließ die
Dachreiter tanzen. Die Zecher
schwankten im Frost,
bevor sie zerklirrten.

DEZEMBERABEND IN WIEN 1936

Franz Werfel

O winterliche Fünf-Uhr-Stunde!
Der Himmel überm Kahlenberg
Vertropft die blasse Seitenwunde
Ins aufgebauschte Wolkenwerg.

In Grinzing und in Heiligenstadt
Entspringt das Licht in langen Zeilen.
Mondhoch bewacht ein Ziffernblatt
Den Park, wo frierend Menschen eilen.

Mein Blick geht den Vermummten nach,
Die mühsam sich durchs Dunkel treiben.
Ein schweres Omen stäubt vom Dach
Drei Würfe Schnee an meine Scheiben.

IM SECHSTEN STOCK

Frederick Brainin

(Für meine Mutter)

Der Lichthof rückwärts ist verbaut, nur dumpf
erschallt der Teppichklopfer Schlag auf Schlag.
Die unterm Atelier-Dach haust, lauscht stumpf,
am Blech das Beet begießend, graut der Tag.

Vormittag das Kaminschiff nahe raucht,
nach Tisch die Teller klappern spülichtwarm.
Der Flieger pünktlich im Azur auftaucht,
sein Dröhnen scheucht vom First den Taubenschwarm.

Das Wiener Meer reicht dunstig bis zum Rand –
die Domturmspitze zart ins Licht sich bohrt! –
antenneneinsam, flachdachunbekannt
der Stadt, die hupend straßentief rumort.

Vom Goldsaum, wenn die Sonne untergeht,
hebt violett sich ab der Kahlenberg . . .
Der Abendwind den schwachen Duft verweht
vom Wienerwald und fern Geheul vom Werk!

Wie arm und doch so reich ist der Besitz
der Volksliedsummerin im sechsten Stock:
Vergoldet glüht ein Blatt im letzten Blitz
des Tags, der rosa Wolken malt barock.

DREIUHRFRÜHKATARAKT

Robert Schindel

Gestern hat einer stechen wollen auf mich, das war sehr
                                        geschusselt.
Es war ihm kalt, die Kärntner Straße unbevölkert
Hart kommt er auf mich zu mit drei Verwandten.

Und sehr betrunken will er Feuer, und ich hab keins
Da will er stechen, doch mit seiner Rechten
Sticht er das Messer sich in seinen linken Puls.

Ich war erschrocken, auch das Blut spritzt mir
Auf meine gute Hose. Sie gehen weiter offenbar erwärmt
Ich laufe, find ein Taxi, als der Morgen kommt.

Heiter im Fond nehm ich die Streichholzschachtel
Die ich vergessen hab bei diesen Umarmungen
So fremder Menschen und entzünd mir eine Jonny.

Nachsatz

Sie können dir was bieten in der Nacht die Leute
Weder ganz harmlos weder wirklich gefährlich
Schließen von Zeit zu Zeit sie dich ins Herz noch
Namen werden dabei nicht genannt
Die Schwierigkeiten bleiben unverändert hart aber
                                        modern
Ich trag dann übernächsten Tag die Hose fort
In meine Putzerei

VIENNA CALLING

Hansjörg Schertenleib

Schon wieder Tag und
soviel Licht, schleppt
Wind Gesänge in
die Stadt, bleibt
nichts zu tun, lieg
da, als wäre alles
schon vorbei: Paläste,
Autos, Zeitungsseiten.
Müdes Aug, Wien ruft,
rauscht still ein
Fluß in meinem Kopf,
es singen schwere Männer
dünne Lieder, nicken
traurig, schwenken
ihre Tücher.

CASTELLEZGASSE

Marie Luise Kaschnitz

Allnächtlich mein Vogel Licht
Hin schwingt sich durchs schlafende Zimmer
Schüttelt die Federn
Blitzt auf im Spiegel
Zergeht
Und der Fahrer der praterher spät
Heimkehrende weiß es nicht
Wie sehr ich gewartet habe
Auf meinen Vogel Licht

FRÜHLING IN WIEN

Helmut Qualtinger

So a unguada Nochmittog.
De Sunn is eitrig vur Föhn,
de Berg san zum Greifn noh,
oba wer wü's scho greifn, de Berg.

So a unguada Nochmittog.
De Schedln san eitrig vur Föhn,
olle streidn,
maunche speibn,
a poa bringan si um.
De, de si ansaufn, san no am bestn draun.

Hätt i di nur di ansaufn lossn!
Stott dessen haum ma uns de Wohrheit gsogt,
den gaunzen eitrigen
Nochmittog de Wohrheit gsogt,
bis auf d'Nocht.

Heit is's Weda wieda wia sa si ghert.
De Leit san, wia sa si ghert,
mir san, wia sa si ghert,
und de Wohrheit is, wia sa si ghert.
Daß's in Wien so vüle Wohrheiten gibt!

Heast, waunn wieda Föhn is,
vakumm!

V. BEZIRK
WIENERISCH

WIENER MODE

Karl Kraus

Helfen wir uns aus der Not,
schlagen wir die Fremden tot!
Doch zu heben hilft uns mehr
mit den Fremden den Verkehr.

Heiter auch in ernster Zeit,
durch und durch voll Süßigkeit,
untergehen tun wir nie.
's Herz ist unsere Industrie.

Der Geschmack muß gschmackig sein.
Unsre Mode zu befrein,
mangels anderer Idee
gründen wir ein Komitee.

Ham mr nix, so mach' mr was.
San mr traurig, gibts an Gspaß.
Nicht zu waschen ist die Wäsch' –
aber heimisch! San mr fesch!

BIOGRAFI FON
AN ECHTN WEANA

Manfred Chobot

geboan ois sengaknabe
glebt ois lipizzana
gschtuam ois hofrot

WOS AN WEANA OLAS EN S GMIAD GED:

H. C. Artmann

a faschimpöde fuasbrotesn
a finga dea wos en fleischhoka en woef kuma is
drei wochleid und a drafik
a giatlkafee met dischbost
a schas med qastln
a eadepfösolod
da rudoef koal en da gatehosn
de schdrossnbaunilustriade
a schachtal dreia en an bisoaa
a söbstbinda zun aufhenkn
a zqetschta rola en an autoküla
de muzznbocha med an nosnraumö oes lesezeichn
a schrewagatal en otagring
a foeschs gebis en da basena
a zbrochns nochtgschia
a r ogschöde buanwuascht
a daunauschdrom zun fiassbodn
a gashau zun aufdran
a kindafazara wossaleichn foxln
wimmalagentn radeschöla kinokoatn
a saffalade zun umhenkn
de frau nowak
en hean leitna sei schwoga
en mozat sei notnschdenda
qagln en essechundöö
es genseheiffö
a rodlbadii met dode
es gschbeiwlad fua r ana schdeeweinhalle
und en hintagrund auf jedn foe:
da liawe oede schdeffö!

WIENER MAHLZEIT

Karl Kraus

Die Nahrungsfrage abzuwickeln,
findet der Dialekt Verwendung.
Er hat es schwer mit den Artikeln
und leugnet doch der Speisen Endung.

Ach Gott, es fehlt uns an der Fetten,
wir müssen fleischlos uns bequemen.
Wenn wir nur einen Butter hätten,
wir würden auch die Schinke nehmen.

Manfred Chobot

sachaduatn
bowidldadschgaln
wina schnizl mit greanan solot
keisaschmoan schgubanki
gsöchts graut und gnedln
fuahea a grameschmoizbrod
zwedschgngnedln
grias-schmoan
gsöchts gsöchta off
blede guakn
baafleisch und dazua bramburi
a schtözn mit biree
a beischl mit gnedln
dukatnbuchtln (daumpfnudln)
a gulasch dazura griagl
eibrensupn geamgnedln
griasgnedlsupn marüngnedln
auflauf reisauflauf
grautfleisch nochara bischgodnduatn
müliramschdrudl
eibrensupn mit baradeisa
schwamalsoos
du deppats gnedl
gfüde koibsbrust mit an busnhoida
gfeude ruam
bunschgropfn zwa semen
nara chleba
gnagwiaschdl
buanheidl mit sempft

i bin jo ka gree net
gsöchta haring
zaudias hendl gradn
an schmoan blede gauns
a soa nokal soa deppats
dopfnschtrudl
a soa dopfn des gaunze
i wera labal

WEIL'S WURST IST

Gerhard C. Krischker

in wien
heißen die wiener
frankfurter

dafür heißen
in frankfurt die frankfurter
wiener

TORTELLINI IN WIEN

Richard Wagner

Ich könnte mit
deiner Stimme sprechen,
ich tue es nicht.

Tracy Chapman singt.
Ich bin ganz ruhig.

Ich sehe der Serviererin
ins Gesicht und schnell weg.

Die Stille des Abends glänzt
wie ihr schwarzes glattes Haar.

MEI WEANALIED

Andreas Okopenko

I sitz so gern in Grinzing bei an *Bier,*
in der Heinz-Conrads-Gassn Nummera vier.
Wann die Musi so spüüt
und mei Herz krokodüüt,
sitz i so gern in Grinzing bei an Bier.

Die Lipizzaner spüün an Johann Strauß,
die Wäschermadln ziagn ma d Sockn aus.
Wann die Musi so spüüt
und mei Herz krokodüüt,
da is mei goidans Herz a Bienenhaus:

Die gstööde Wirtin pfnaust »Geh, sei net frech!«,
der liabe Herrgott zahlt für mi die Zech.
Und im Dusel siech i gleich
meine wunderschöne Leich,
und der Pompfünebrer waant vur lauter Blech.

DAR WEIN

Gerhard Rühm

dar wein dar wein dar wein
dar wein dar wein dar wein
sunsd foed ma goa nix ein

dar schdeffe ewendduö
dar schdeffe ewendduö
und dar wein
dar wein dar wein dar wein
sunsd foed ma bei leib nix ein

dar wein dar wein dar wein
dar wein dar schdeffe dar wein
sunsd foed ma i schwea s nix mea ein

DER ALTE ZITHERSPIELER

Theodor Kramer

Hinterm Viehmarkt, glühn die Lampen blank,
zieh ich alter Mann von Schank zu Schank;
zahlt ein Gast mir einen Viertelliter,
spiel ich eine Stunde auf der Zither.

Grün, woher ich komm, ist auf den Höhn
Gras und Kraut, der nackte Stein selbst schön,
blau der Enzian, scharf sein Schnaps und bitter,
klar das Kuhgeläut wie meine Zither.

Jeder liegt, wie er sich macht sein Bett;
wenn ich, Leute, nichts verloren hätt,
ständ nicht immer neben uns ein Dritter,
schlüg ich nicht in Rauch und Dunst die Zither.

Werft mir was in meinen Lodenhut,
brauch nicht mehr, als was ihr hier vertut;
wär der Satz des Lebens nicht so bitter,
kläng nicht süß wie Silber meine Zither.

DAS LIED DES UNBEKANNTEN WIENERS

André Heller

Vareck, vakumm, i drah mi net um,
i fahr voll Hamour zur Höll – tour retour
i bin wia i war und so wer i a bleibn.
A Rücksicht, a Nochsicht, da müassat i speibn.

Bei mir sads alle im Oarsch daham.
Im Oarsch – durt is eicha Adreß,
bei mir sads alle im Oarsch daham,
und i bin den Oarsch sei Abszeß.

Zerscht kumm i, dann kumm i,
und was dann kummt, kummt nie.
Wehleidiger Bsuff: so heißt mein Beruf.
Mir paßt nix, was paßt,
i setz auf Ruin,
gegen mei Ignoranz,
gibts ka Medizin!

Bei mir sads alle im Oarsch daham.
Im Oarsch – durt is eicha Adreß,
bei mir sads alle im Oarsch daham,
und i bin dem Oarsch sei Abszeß.

KLEINER WIENER WALZER

Federico García Lorca

In Wien gibts zehn Mädchen,
eine Schulter, daran der Tod schluchzt,
und einen Wald zerschnittner Tauben.
Es gibt ein Bruchstück des Morgens
im Museum des Reifs.
Es gibt einen Salon mit tausend Fenstern.
        Ay, ay, ay, ay!
Nimm diesen Walzer mit geschlossenem Mund.

Den Walzer, den Walzer, den Walzer
des Ja und des Tods und des Cognacs,
der näßt seine Schleppe im Meer.

Ich liebe dich, liebe dich, lieb dich
mit dem leblosen Buch und dem Lehnstuhl
in dem trübsinnigen Flur,
in der dunkelen Dachstub der Lilie,
in unserem Bette vom Monde
und im Tanz, den die Schildkröt erträumt.
        Ay, ay, ay, ay!
Nimm diesen Walzer mit gebogener Taille.

In Wien gibt es einige Spiegel,
drin dein Mund und die Echos spielen.
Es gibt einen Tod für Piano,
der streicht blitzblau an die Knaben.
Um die Dächer herum gibt es Bettler.
Gibt Tränengirlanden, die frisch sind.
        Ay, ay, ay, ay!
Nimm diesen Walzer, der in meinen Armen dann endet.

Denn ich lieb dich, ich lieb dich, mein Liebling,
in der Dachstub der spielenden Kinder,
alte Lichter aus Ungarn erträumend
im Gemurmel des laulichen Abends,
seh Schafe und Lilien aus Schnee
auf der dunkelen Stille deiner Stirn.
        Ay, ay, ay, ay!
Nimm diesen Walzer des »Ich liebe dich immer«.

Ich werde in Wien mit dir tanzen
in Maskengewand, das soll haben
den Kopf eines Flusses.
Sieh, was für Ufer von Hyazinthen ich habe!
Ich laß meinen Kopf dir dann zwischen den Beinen,
meine Seele in Fotografien und in Lilien,
und ich will in den dunkelen Wellen deines Gangs,
mein Liebling, mein Liebling, dann lassen
Violine und Grab, die Bänder des Walzers.

WÄHRINGER TANZLIED

Robert Schindel

Und weil doch Vollmond ist
   Nachts, haben die Schatten Saft. Währings
      Gassen nehmen aufeinmal

   Den Juni wie er ist.

Wächst mir mein Blick auch
   Puls um Puls in die Gesichter
      Die Gesichter. Ich muß tanzen

   Mit meinen Freunden tanz ich

Rede weil doch Tanzmusik
   Mich abergläubisch macht auf fremde Gassen.
      In Währing Serpentinen nachts aufeinmal

   Nehmen mich die Freunde, tanz ich

Wie ich bin. Erreich ich mich möcht
   Jetzt die Sprache putzen, brechen
      Die Gelenke derentwegen

   Sie steife wurde in den Lagern

Und Brüste, denn ich tanze
   Kommen, gehn in der Musik herum
      Lustwandeln meine Hüften

   Folgsam mein Herz die Schatten

Nachts durchsprenkelt ausgesternt. Bereit
  Bin ich, so wie ich bin, zum Engelsturz
    Blaß blasser Mond und Serpentinen

  Fährt weg mich von Marlens
    Geburtstagswirtshaus

Die schwarze Frau hinunter und nach Haus.
  Im Morgengrauen fliegen
    Die Junivögel mich

  Ohn Federlesen in die Träume

Derweil ich mich heraufschlaf
  Unterdessen hin und zrückerwach.
    Aufeinmal nimmt der Serpentin mich wie ich bin

  Zu sieben seiner monddurchfloßnen Kirschenbäume.

WAUNST IN WEAN

Manfred Chobot

waunst in wean / in an kafehaus sizt
unds geet de tia auf / glaubst da keisa frans josef
                                        kummt eine
und sogt kisdhaund / gne frau
sogt da oba: faearung majestet an glan braun
daun bringt a noa glasl wossa
daumit da keisa seine wiaschtlfinga drin bodn kau
und wia oiweu griagt da johan a wiadschinja ois tring̈ööd
gschaumsda dina / sogta daun

CAFE DOBNER – EPITAPH

Robert Schindel

Wenn du mir zusiehst abends im Gesträuch der wilden
                                              Gesten
Beim Wein und den leeren Stunden neben dir oder
                                         dort hinten
Denk nicht, ich weiß nichts vom Kampf und vom Lachen,
                                    von den Resten
Der Gewohnheiten, die wuchern und existieren
                              in den Kaffehauswinden

Aber schau weg. Geh fort. Ich will noch bleiben
Einige Jahre in den Landschaften, die mich von gestern
Vielleicht nach morgen bringen. Laß mich in die alten
                                       Gesichter zeigen
Laß sie mich alle noch nach Arsch und Friedrich lästern

Hier bin ich zu Haus. Da ist mein Tisch und Bett.
Hier seh ich täglich, was ich war, doch im Elendigen
Blas ich dich auf. Nun bist schön und nett.

Das Stufensteigen zu dem Notwendigen
Die Rote Fahne und mein ganzer Zweck
Gehörn bei dir und mir schließlich zum Ständigen.

VERSUCH ÜBERS HAWELKA

(um 1956)

Friedrich Achleitner

ha
ha

ha
ha

ha
ha
ha

tschi

ZWEITER VERSUCH
ÜBERS HAWELKA
(um 1990)

Gerhard C. Krischker

ha
welk
a
café

WIENER KAFFEEHAUS

Karl Hotz

Von den Wänden springen die Clowns
dir mitten in das Gesicht und stehlen
dein melancholisches Grinsen, das
Einhorn legt sein Haupt in den Schoß
der Geliebten, Picassos Taube schwebt
über den Tischen, und wieder erkennst
du die fremd vertrauten Gestalten,
sie wiederholen sitzend ihr früheres
Leben, und Colombine erstarrt
mitten in der Bewegung der auf-
und abschwellenden tödlichen Pausen

WIENERISCH

Josef Weinheber

Mir, i muaß sāgn, tuat so mancher weh,
den i die Schrift spritzen hör.
Wann er »ich meine« sāgt, Tinterljuchee,
glaubt er, is er scho wer.

Deutsch, und i kann's is mei^n Muttersprāch.
Aber des is hālt dās Gfrett:
I grāt in vülen mein Vattern nāch;
und der hāt wienerisch gredt.

Früher ham Kaiser und Herrn si net gschamt,
z' reden wia d' gewöhndlichen Leut.
Heut gengan d' Dienstmadeln – Seidn und Samt –
aa in der Sprāch mit der Zeit.

»Ria, was lest denn da?« – »Mia, ich lies . . .«
Daß euch der Blitz net derschlāgt!
Wann aa die Mode a Bofel is,
her muaß s', muaß her! – Weil ma s' »trāgt«.

Kaiser und Herren, de gibt's nimmermehr.
D' Juden ham d' Vornehmheit pācht.
Wienerisch is ihner vü z' ordinär –
sprechen nur Schrift – guade Nācht!

»Trotz des . . . ich bitt Sie . . . vergiß ich daran . . .«
Glei mācht's der Wiener ihm nāch.
Alt und Jung, Links und Rechts, 's ekelt an,
redt scho de grausliche Sprāch.

Stottert und stoppelt, verbringt kan Sätz
Schreibe und kan Dialekt.
Wundert si nächer, wann's von sein Plätz
druckt wird und langsam verreckt.

I, san S' net harb, wann i hundert wir,
red, wia ma ällweil gredt ham.
– Sprāch, des is Bluat, und Schrift is Papier –
Weil i aus Ottakring stamm.

GLAUBST I BIN BLEED, DAS I WAAS, WOS I WÜÜ

Konrad Bayer

glaubst i bin bleed, das i waas, wie schbeeds is?
glaubst i bin bleed, das i hea, wos du sogst?
glaubst i bin bleed, das i siich, wi du ausschaust?
glaubst i bin bleed, das i waas, wiri haas?

glaubst i bin bleed, das i gschbia, wos i augreif?
glaubst i bin bleed, das i schmeck, wos i friiss?
glaubst i bin bleed, das i riach, wias do dschingt?
glaubst i bin bleed, das i waas, wos i wüü?

WAUN S

Gerhard Rühm

waun s
aun da schenan blaun donau
schdinkt

daun
hot da johann schdrauss
im soag
an schas lossn

VI. BEZIRK
DER TOD, DAS MUSS
EIN WIENER SEIN

DER TOD, DAS MUSS EIN WIENER SEIN

Georg Kreisler

Da drob'n auf der goldenen Himmelbastei,
da sitzt unser Hergott ganz munter
und trinkt ein Glas Wein oder zwei oder drei
und schaut auf die Wienerstadt 'runter.
Die Geister, die geistern bei ihm umeinand',
ja, er hat s' in der Hand jederzeit,
das Glück und das Unglück, den Tod und die Schand'
und die Lieb' und den Haß und den Neid
und den Geiz und die Gier und die Gall' und die Gicht –
ja, da gibt's eine sehr große Schar.
Wie die Geister dort ausschaun, also das weiß ich nicht,
aber eines ist mir völlig klar:

Der Tod, das muß ein Wiener sein,
genau wie die Lieb' a Französin.
Denn wer bringt dich pünktlich zur Himmelstür?
Ja, da hat nur ein Wiener das G'spür dafür.
Der Tod, das muß ein Wiener sein,
nur er trifft den richtigen Ton:
Geh Schatzerl, geh Katzerl, was sperrst dich denn ein?
Der Tod muß ein Wiener sein.

Die Mitzi, die Fritzi und die Leopoldin
san fesche und lustige Madeln,
hab'n Guckerl und Wuckerln wie a jede in Wien
und Handerln und Zahnderln und Wadeln.
Sie werden dem riesigsten Schnitzel gerecht
und tanzen noch Walzer dabei
und singen so hoch, wie die Callas gern möcht',
und ihr Herz ist für jedermann frei.

Doch auch Wiener Madeln sterben, wenn der Herrgott
es will,
und wenn das einem Madel geschieht,
dann is's aus mit dem Tanzen, dann lächelt s' nur still
und singt ganz versonnen das Lied:

Der Tod, das muß ein Wiener sein,
genau wie die Lieb' a Französin.
Denn wer bringt dich pünktlich zur Himmelstür?
Ja, da hat nur ein Wiener das G'spür dafür.
Der Tod, das muß ein Wiener sein,
nur er trifft den richtigen Ton:
Geh Schatzerl, geh Katzerl, was sperrst dich denn ein?
Der Tod muß ein Wiener sein.
Geh Mopperl, du Tschopperl, komm brav
mit'm Freund Hein!
Der Tod muß ein Wiener sein.

SPITALSHOF

Marie Luise Kaschnitz

I

Sitzt der Aussatz auf der Bank im Garten
Hand in Hand mit einer jungen Schwindsucht
Auf dem Schoß ein Kästchen Nachtigall.
Flirren Lichter im Platanenlaube
Lehnt an Streifenkittel Streifenhaube
Schluchzt die Nachtigall
Mit Dir
Mit Dir.

II

Zwei Rohrstiefelmänner
Hinab ins Kanalloch
Kommen nicht wieder

Zwei Rosenkranznonnen
Treppauf zur Kapelle
Kommen nicht wieder

Zwei Totentonnen
Hofüber ins Schauhaus
Kommen nicht wieder

Zwei Raubvögel ziehend
Sich suchend sich fliehend
Wieder und wieder.

III

Draußen vorm Tor ich weiß
Brüllt der Riese Leben
Rollt seine Kegelkugel
Würgt seine Lämmer.

Hinter den Mauern warum
Hör ich's so anders warum
Klingt's mir wie Dreschflegelschlagen
Wie Reis hinterm Hochzeitswagen
Wie die Lerche die steigt –

IV

Mit dieser Art von Mut
Komm ich ganz gut abends spät
Singend zum achten Baum
Singend zum neunten Baum
Durch die halbe Allee.

Nur daß beim zehnten Baum
Die eiserne Jungfrau steht
Mit Armen mondbereift
Bückt sich
Greift –

V

Rad Rad im Kopf herum
Mühlrad das aufzieht
Eimerchen voll von Unglück

Wiedergekäut Tag und Nacht
Der Elendsbrei
Paternoster an Kammern
Des Schreckens vorbei

Schlecht gezielt
Hat der Heckenschütze
Der sonst so genaue

O läge *ich* da
Preßtest *Du* die Braue
An die weiße Gitterbettstatt

Rad Rad.

                    VI
Ich sah den Sterbenden, die Hand
                    ums Trapez geklammert
Wie er anhob zum Salto mortale
Und die Taube schön friedlich geduckt
Auf die steinerne Schulter der Zeit.

Es war ein Geräusch in der Luft
Eine ewige Unheilssirene
Und die Rosen im Volksgarten blühten
Wie Rosen der Ewigkeit

CENTRALFRIEDHOF

Albert Ehrenstein

Ins Dunkel neigt sich gern mein Weg.
Oft irrt meine Seele
Abprallend von den eckigen
Marmorsteinen des Friedhofs
Wundgestoßen, klagend
Zwischen den Gräbern einher,
Den toten künftigen Nachbarn,
Entweicht verblassend vor dem Moder der Erde
Ins Fliedergehölz der dämmernden Nacht.
Urnen bequemt sich mein Sinn.
Leicht entgleitet zwischen den Fingern mir meine Asche,
Streusand der Winde.
Oder werden Bruderschaft trinken aus mir die Algen,
Bruderschaft fressen die Fische des goldenen Meeres?
Genehm auch wäre mir dies,
Denn gleichgültig ward mir der Erdball,
Er entgleitet mir zwischen den Fingern.

ZWA SCHÜLENG ZWANZK

H. C. Artmann

zwa schüleng zwanzk
kost s da nua
bis ausse zun gremadorium

dazua kaufst
a bischal lawendl
schee blau und scho grau
aun de schbizzln . .

gremadorium muasd song
schee blau und scho grau
aun de schbizzln!

med n anasibzkawong
en an schwoazzn qaund
met dein batazel
en da linkn haund . .

dua r an lawendl mitdrong
a bischal a bischal gremadorium!

entschdaziaun muasd song
zwa schüleng zwanzk
muasd haum
und dei bischal
muast drong . .

a bischal a bischal gremadorium
und gestan
             und heite
                       und muang
is drozzdem a sunecha heabstdog . . .

DER GUTE ORT ZU WIEN

Franz Werfel

Zeitungsnachricht Juni 1938: In Wien ist den Juden der Besuch aller öffentlichen Anlagen und Gärten untersagt worden. Ihnen bleibt demnach nur die israelitische Abteilung des Zentralfriedhofs zur Erholung.

Volksgarten, Stadt- und Rathauspark,
Ihr Frühling war noch nie so stark.
Den Juden Wiens ist er verboten.
Ihr einziges Grün wächst bei den Toten.

Zur Stunde, da die Stadt erblaßt
Vor sonntäglicher Mittagslast,
Drückt es sich scheu in Straßenbahnen
Hinaus zu halbvergessenen Ahnen.

Der Totenstadt von Simmering
Sind Christ und Jud das gleiche Ding,
Verschieden nur durch Zins und Kosten ...
Die Juden wohnen gegen Osten.

Das hohe Tor steht offen halb.
Der Tag ist grell, der Jud is falb.
Das kommt, so seltsam abgetragen,
Mit Weib und Kind und Kinderwagen.

In Väterzeiten lang verdorrt,
Da hieß der Friedhof: »Guter Ort.«
Nun ist, als Schutz vor feigen Horden,
Zum guten Ort er wieder worden.

Auf seinen Wegen und Alleen
Herrscht großes Kommen, großes Gehn,
Als würden alle, hier begraben,
In diesen Tagen Jahrzeit haben.

Man liest die Namen neu und alt,
Umdrängt der Steine Rundgestalt,
Und zu den streng erstaunten Steinen
Dringt Sorgenschwatz und Kinderweinen.

Senk deine Stimme, Israel,
Es ruft ein höherer Befehl.
Dieweil du wähnst, dich zu erholen,
Bist eigens du hierher befohlen.

Dies Erdenstück, das hier dich trägt,
Geschlechterlang von dir geprägt,
Nur solches Feld, dir zugesprochen,
Hast du bebaut und umgebrochen.

All, was hier schläft, hat treu geglaubt,
Es kommt kein Tag mehr, welcher raubt,
Und hat für Enkel erbgesessen
Sich sündig eines Heims vermessen.

Jetzt aber steigt aus Heck und Strauch
Ein zitternd unsichtbarer Rauch,
Und zwischen Lebenden und Schemen
Schwebt flüsterstummes Abschiednehmen.

Nimm an, nimm auf der Toten Kraft
Als Speisung deiner Wanderschaft,
Damit zu schwer der Weg nicht werde!
Noch gibt es ungeprägte Erde.

Vergisst du immer den Befehl,
Der dich umlastet, Israel!?
Du musst den Ländern, die dich hassen,
Als Stapfen deine Gräber lassen.

Solang noch einer Erdenflur
Nicht eingerammt ist solche Spur,
Solang wird dein Geschick gewendet,
Du wirst verworfen, wirst gesendet.

Die Menge rast, der Wutschrei braust,
Verwehrend, dass du heimst und haust,
Damit dem hochgeheimen Planen
Du dienen darfst, das wir nicht ahnen.

A LEICH

Ernst Kein

A leich
aum otagringa friidhof
is so schee
de fogaln singan
und d kastanien blian
di witwe wand
de feterana schbün
es riacht noch weirauch
und da pfora ret
na wiakli woa
nix schenas ken i ned

DONAUNIXEN

Gerhard Rühm

in da donau di nixaln
di san sovü koed
i gschbia s waun im draum
di handaln i hoed

i bin scho vaküd bin schdeabmsgraung
i leb beschdimmd nimma laung

S GOIDANE WEANA HEAZ

Manfred Chobot

da weana hot a goidanes heaz —
heaz as schlogn
wias narisch bumpat
heaz as / hinich is /
schebban tuats
goid-dekung brauchma kane
fian schüling
wüüst a hoiskedn /
nimmdas heaz fon da grosmuada /
moxdarane
ausn grosfodan sein heaz
mochmase an goid-dukodn
heast wem nema fiad uakedn?
waast wos!?
mia hoinse ans fom zentreufridhof /
do hapmas an

WIEN-LIED

Hans Raimund

1

Ich geh im Streit durch diese Gassen
im Streit mit den Fassaden den Gesichtern
den scheelen Blicken die mich messen
im Wegschauen das Urteil sprechen

Ich bin ein Gast in dieser Stadt
in der ich vierzig Jahre lebte
mit Menschen die ich zu gut kenne:
ihr Grinsen ihre Gesten und Gebärden

das Schulterzucken Stirnerunzeln
das Treten auf der Stelle Umdrehen auf
dem Absatz – das Gehabe neidischer
und stets beleidigter Voyeure

das auch das meine ist und bleibt

2

Und immer wieder komme ich
in diese Stadt zurück   mich kümmernd um
die Alten die in den Spitälern

hartlebig einer nach dem andern sterben
– ich rieche den Geruch des
aufgewärmten Essens in den Träumen noch
(auch in dem fernen Land in dem

ich schuldbewußt doch so gern lebe)
vermischt mit dem der vollen Pfannen
im Dunst der Betten   dem der Beutel der
Katheter prall mit blutigem Urin

3

Und immer wieder komme ich
hierher zurück   mich kümmernd um
die Mutter   die von fünfzig Jahren Ehe
zerrüttet früh verkalkt nicht mehr

die Namen ihrer Kinder kennt   sich nicht
einmal den Namen des verzweifelten
Gefährten ihres Alters merkt   die
mit Wasser in den Knien   heillos einsam

in der erzwungenen Zweisamkeit   mit
Tabletten ihren Lebensüberdruß
seit jeher zu vertreiben sucht
beredt in einem fort den Tod beschwörend

4

Was suche ich in der vom Mief
des Greisentums durchwehten Stadt
dem Totenschauhaus   dem enormen Friedhof
mit all den liebevoll betreuten Gräbern?

Ich suche Streit in diesen Gassen
den Streit mit den Fassaden den Gesichtern
Ich bleibe Gast in dieser Stadt
in der ich nicht mehr leben will

VII. BEZIRK
WEGWÄRTS VON WIEN

DIE TRAUMSTADT

Ernst Waldinger

Fast jede Nacht kehr ich nach Wien zurück;
In dieser Traumstadt kenn ich mich nicht aus.
Ich geh durch krumme Gassen, die entfliehn,
Keuch steile Stiegen, schleich mich in ein Haus
Mit einer kühlen Einfahrt; auf dem Raster
Verwaschner Steine, eines Hofes Pflaster,
Schreit stockend ich und gleite fast entlang
Hin durch ein Tor, das lahm in Angeln hängt,
– Was für Gespenster-Durchhaus! denk ich bang –
Auf einen Platz, in den sich Glockenklang
Vom nahen Turm als Echo rostig fängt,
Durch Winkelzeilen, enge wie ein Gang,
Es wächst die Angst, die meine Brust bedrängt . . .
Doch hat bei Tag stets die Erinnrungswelt
Mit freundlichen Gedanken mich umstellt,
Mit hellen Bildern, voll von Sonnenschein,
Als wär die schöne Heimatstadt noch mein.

VERGEBLICHER BRIEF
AUS VIENNA

Karl Hotz

Vorlängst . . .
Konnte noch zwei Jahre später
(wer weiß denn schon, wie
rasch das geht, wenn wir
zerfallen) – an keinem
Kartenstand, eine jede
wollte beschrieben sein,
wenige Sätze, ähnliche
Worte, mehr Ungesagtes,
Schubert, Schönbrunn,
Schwünge herzüber im
Riesenrad, Würstlprater
und die verblassenden
Hölderlin-Verse an
der Pissoir-Wand, Kilroy
was here, ihr Lieben,
was ließet ihr uns
so schwere Fahrten,
Altlasten des Herzens,
bis daß auch unser
Gedächtnis leise
und unaufhörlich
zerfällt . . .

ICH WOHNE NIRGENDS

Robert Schindel

Ich wohne nirgends. Ich bin überall daheim
Neben dem Neustifter Friedhof in der Hundehütte
Oder im Dobner, im Auto Bruder Wolfgangs
Im Wiener Stadion, in der Halbgasse
In Ursulas Planquadrat, in Puebla, Mexiko

Am Klo des RÖMISCHEN KAISERS vormittags
Mit dem OT Stempel der Post als Griffel
Oder der Zeitung KLASSENKAMPF als Fahne
Im fernen Ottakring

Dreh dich um Freund. Ich steh hinter dir
Und frag dich nichts. Doch deiner Schwester
Und ihrer blinden Freundin komme ich
Als Krampus Erlkönig zwischen zwei und drei
Im Traum. Es regnet, ich zergehe gleich.

Ich wohne nirgends. In Miguels gelbem Käfer
Eß ich mein Nachtmahl, steige aus sogleich
Und lehne an der Hauswand Heiligenstadt.
In der Nähe spielt die Vienna gegen den Sportklub
Ich les die Highsmith, bin für jeden da.
Ich bin daheim in meiner abgefallenen Borke.

AN DEN GROSSEN STRÖMEN

Herta Kräftner

Am Abend, vor dem Morgen, an dem er
                          nach Amerika ging,
zerbrach ihr Herz, indessen sie zum letzten Mal
am Donauufer auf und nieder gingen.
»Ach«, klagte sie, »ach, hätten wir uns doch ertränkt
in einem von Europas großen Strömen!
In der Elbe zum Beispiel, die soll bei Hamburg
so tief sein, oder lieber noch in der Seine,
wo sie die Liebenden ganz eng umschlungen
aus dem Wasser ziehn. Ach, hätten wir uns doch ertränkt,
solang noch Zeit war. Jetzt ist es zu spät,
wir würden weder Hamburg noch Paris erreichen,
bevor dein Zug dich morgen mir entreißt.«
Ihm wurde wild ums Herz bei ihren Klagen
und er verfluchte die Entfernung,
die sie vom süßen Liebestod im grauen Elbewasser
                                   trennte.
Die Donau floß indessen
sanft und unauffällig in das Schwarze Meer.

Daran erinnerte mich eines Abends
– später, lang danach – ein Busch am Donauufer,
und ich dachte, daß es ein solcher Abend war,
als mein Geliebter sich in großer Einsamkeit
im Hudson River still ertränkte.

WEGWÄRTS VON WIEN

Peter Henisch

Wegwärts von Wien
mein poetisches Ich *on the road*
läßt diese Stadt hinter sich   ihr großes Verschweigen
hängt aber über den Stadtrand hinaus &
mir nach
Wir haben Lenz   die sexuellen Bedürfnisse steigen
genau wie die Unfallquote die
Selbstmordrate es
lädt sich was auf
Ich fürchte es lädt sich was auf &
entlädt sich noch nicht
Dem will ich davon wie gesagt
gesagt getan
Ich fahre per Anhalter
niemand hält an
Mein Gedicht
will anders
            wohin

QUELLENVERZEICHNIS

Friedrich Achleitner (geb. 1930)
Versuch übers hawelka, S. 135
   Aus: Café Hawelka. Ein Wiener Mythos, Christian Brandstätter
   Verlag & Edition, Wien 1982

Ilse Aichinger (geb. 1921)
– Befehl des Baumeisters beim Bau der Prinz-Eugen-Straße,
   S. 73
   Aus: Verschenkter Rat. Gedichte. © S. Fischer Verlag GmbH,
   Frankfurt am Main 1978

Christoph Wilhelm Aigner (geb. 1954)
– Wien, S. 26
– Wien Kärntnerstraße, S. 59
   Aus: Weiterleben. Gedichte, Otto Müller Verlag, Salzburg
   1988

Hans Carl Artmann (geb. 1921)
– schembrun, S. 71
– kawarebeag fotografian, S. 92
– i won zimlech weit draust, S. 98
– zwa schüleng zwanzk, S. 151
   Aus: med ana schwoazzn dintn. gedichta r aus bradnsee, Otto
   Müller Verlag, Salzburg 1958
– wos an weana olas en s gmiad ged:, S. 119
   Aus: HOSN ROSN BAA. friedrich achleitner, h. c. artmann, ger-
   hard rühm, Wilhelm Frick Verlag Wien, 1959. © h. c. artmann

Rose Ausländer (1907-1988)
– Wiedersehen mit dem Wiener Wald, S. 86
   Aus: Die Sichel mäht die Zeit zu Heu. Gedichte 1957-1965,
   © S. Fischer Verlag GmbH, Frankfurt am Main 1985

Ingeborg Bachmann (1926-1973)
– Stadt ohne Gewähr, S. 11
– Große Landschaft bei Wien, S. 79
    Aus: Gesammelte Werke. R. Piper & Co. Verlag, München
    1978

Konrad Bayer (1932-1964)
– glaubst i bin bleed, S. 140
    Aus: Sämtliche Werke, Band 1, ÖBV-Klett-Cotta, Wien 1985

Uwe Berger (geb. 1928)
– Wien, der Glanz, S. 30
    Aus: Last und Leichtigkeit Oden, © Aufbau Verlag Berlin und
    Weimar 1989

Martina Bilke (geb. 1950)
– Wiener Sommer, S. 28
    Aus: die horen, Heft 2, Sommer 1977, 22. Jahrgang, Ausgabe
    106. Abdruck mit freundlicher Genehmigung der Autorin

Frederick Brainin (geb. 1913)
– Im sechsten Stock, S. 109
    Aus: Das siebte Wien. Gedichte. Verlag für Gesellschaftskritik,
    Wien 1990

Walter Buchebner (1929-1964)
– Wien 61, S. 35
    Aus: Zeit aus Zellulose. Jugend und Volk Verlag, Wien-München
    1969

Christine Busta (1915 – 1987)
– Herbst über Wien, S. 29
    Aus: Die Scheune der Vögel. Otto Müller Verlag, Salzburg
    1958
– Auf den Stufen zum Unteren Belvedere, S. 75
    Aus: Unterwegs zu älteren Feuern. Gedichte. Otto Müller Verlag,
    Salzburg 1978

Manfred Chobot (geb. 1947)
– S Risnradl, S. 64
– Biografi fon an echtn Weana, S. 118
– Dschpeiskoatn fom Hotel Sacher vom 16. Juni/June/Juin, S.121
– Waunst in Wean, S. 133
– S goidane Weana Heaz, S. 158
  Aus: Waunst in Wean oder seu di o. Wiener Mundarttexte. relief
  verlag, münchen 1978

Heinz Czechowski (geb. 1935)
– Leopoldsberg, S. 88
  Aus: Mein Venedig. Gedichte und andere Prosa. Verlag Klaus
  Wagenbach, Berlin 1989

Edwin Wolfram Dahl (geb. 1928)
– Wiener Psalmen, S. 41
  Aus: Vom Staunen einen Rest. Gedichte. Otto Müller Verlag,
  Salzburg 1989

Wolfgang Diehl (geb. 1940)
– Währinger Tage, S. 105
  Aus: auswärts – einwärts. Gedichte. Pfälzische Verlagsanstalt,
  Landau 1983

Albert Ehrenstein (1886-1950)
– Stadtpark, S. 62
– Centralfriedhof, S. 150
  Aus: Gedichte. Berlin 1921. Abdruck mit freundlicher Genehmi-
  gung des Klaus Boer Verlags, München

Erich Fried (1921-1988)
– Bekenntnis zu Wien, S. 24
  Aus: Frühe Gedichte. Claassen Verlag, Hildesheim 1986

Gerhard Fritsch (1924-1969)
– Prater S. 63
  Aus: Gesammelte Gedichte. Otto Müller Verlag, Salzburg 1978

Margarete Hannsmann (geb. 1921)
– Stephanskirche, Wien, S. 57
  Originalbeitrag

André Heller (geb. 1946)
– Das Lied des unbekannten Wieners, S. 128
  Aus: Die Sprache der Salamander. Lieder 1972-1981 © Hoffmann und Campe Verlag, Hamburg 1981

Peter Henisch (geb. 1943)
– O du mein Wien, S. 33
– Wegwärts von Wien, S. 167
  Aus: Hamlet, Hiob, Heine. Gedichte © 1989 Residenz Verlag, Salzburg und Wien

Hugo von Hofmannsthal (1874-1929)
– Vorfrühling, S. 67.
  Aus: Gedichte und lyrische Dramen. Gesammelte Werke in Einzelausgaben. S. Fischer Verlag 1970. © Insel Verlag Frankfurt am Main und Leipzig

Karl Hotz (geb. 1939)
– Wiener Kaffeehaus, S. 137
  Aus: Augenblicke unterwegs. Gedichte. Verlag Junge Literatur, Dieter Strasser, Rhodt unter Rietburg 1989
– Vergebliche Briefe aus Vienna, S. 164
  Aus: Stationärer Aufenthalt. Verlag Junge Literatur, Dieter Strasser, Rhodt unter Rietburg 1990

Ricarda Huch (1864-1947)
– Wien, S. 19
  Aus: Gesammelte Werke, Fünfter Band. Kiepenheuer & Witsch Köln. Abdruck mit freundlicher Genehmigung von Alexander Böhm

Ernst Jandl (geb. 1925)
– wien: heldenplatz, S. 58
– Kärntnerstraße, S. 60
– Belvedere, S. 74
   Aus: Gesammelte Werke in 3 Bänden. © 1985 by Luchterhand
   Literatur Verlag, Hamburg und Zürich

Hermann Jandl (geb. 1932)
– rom & wien, S. 22
   Aus: leute leute. S. Fischer Verlag, Frankfurt am Main 1970.
   Abdruck mit freundlicher Genehmigung des Autors

Marie Luise Kaschnitz (1901-1974)
– Stadtrundfahrt, S. 52
– Spitalshof, S. 147
   Aus: Neue Gedichte. © 1957 by Claassen Verlag GmbH, Ham-
   burg
– Castellezgasse, S. 112
   Aus: Gesammelte Werke, 5. Band. Insel Verlag, Frankfurt am
   Main 1985

Ernst Kein (geb. 1928)
– A leich, S. 156
   Aus: Wiener Panoptikum. Verlag Jugend & Volk, Wien-München
   o. J.

Hertha Kräftner (1928-1951)
– An den großen Strömen, S. 166
   Aus: Das blaue Licht. © 1981 Luchterhand Literaturverlag
   Hamburg und Zürich

Theodor Kramer (1897-1958)
– Der alte Zitherspieler, S. 127
   Aus: Der Braten resch, der Rotwein herb. Von den nötigen Trün-
   ken des Markthelfers. Europa Verlag, Wien 1988

Karl Kraus (1874-1936)
– Wiener Mode, S. 117
– Wiener Mahlzeit, S. 120
   Aus: Schriften. Band 9. Herausgegeben von Christian Wagenknecht. Suhrkamp Verlag, Frankfurt am Main 1989

Georg Kreisler (geb. 1922)
– Der Tod, das muß ein Wiener sein, S. 145
   Aus: Ich weiß nicht, was soll ich bedeuten. Zürich 1973
   Abdruck mit freundlicher Genehmigung des Autors

Gerhard C. Krischker (geb. 1947)
–weil's wurst ist, S. 123
– zweiter versuch übers hawelka, S. 136
   Originalbeiträge

Günter Kunert (geb. 1929)
–Wiener Hinterlassenschaft, S. 101
   Aus: Warnung vor Spiegeln. Gedichte. Carl Hanser Verlag, München 1970

Federico García Lorca (1898-1936)
– Kleiner Wiener Walzer, S. 129
   Aus: Dichter in New York. Insel Verlag, Frankfurt am Main 1963

Friederike Mayröcker (geb. 1924)
– schöner Brunnen, Schönbrunn, S. 68
   Aus: Winterglück. Gedichte 1981-1985. Suhrkamp Verlag, Frankfurt am Main 1986

Christine Nöstlinger (geb. 1936)
– Unsa Haus, S. 100
   Aus: Iba de gaunz oaman Kinda. Verlag Jugend und Volk, Wien-München 1974

Andreas Okopenko (geb. 1930)
– Mei Weanalied, S. 125
  Aus: Glückliches Österreich, hg. von Jochen Jung. © 1978 Residenz Verlag, Salzburg und Wien

Richard Pietrass (geb. 1946)
– Wien b. Berlin, S. 23
  Aus: Freiheitsmuseum. © Aufbau-Verlag Berlin und Weimar 1982

Helmut Qualtinger (1928-1986)
– Frühling in Wien, S. 113
  Aus: Kommen Sie nach Wien. Bergland Verlag, Wien 1980

Hans Raimund (geb. 1945)
– Wien-Lied, S. 159
  Aus: Kaputte Mythen. Gedichte. Wieser Verlag, Klagenfurt 1992

Joachim Ringelnatz (1883-1934)
– Wien. Februar 1924, S. 20
  Aus: War einmal ein Bumerang. Bekanntes und Unbekanntes von Joachim Ringelnatz. Karl H. Henssel Verlag, Berlin 1963

Gerhard Rühm (geb. 1930)
– Kärnterstraße, S. 61
– Dar Wein, S. 126
– Donaunixen, S. 157
  Aus: hosn rosn baa. Wilhelm Frick Verlag & Co., Wien 1959. Abdruck mit freundlicher Genehmigung des Autors
– waun s, S. 141
  Aus: Die Wiener Gruppe: Achleitner Artmann Bayer Rühm Wiener. Rowohlt Verlag, Reinbek bei Hamburg 1967. Abdruck mit freundlicher Genehmigung des Autors
– kurze beschreibung der umgebung wiens, S. 82
  Aus: Die Wiener Gruppe. Herausgegeben von Gerhard Rühm. Rowohlt Verlag 1967. Abdruck mit freundlicher Genehmigung des Autors

Peter Rühmkorf (geb. 1929)
– Reisender, S. 17
  Aus: Gesammelte Gedichte. Copyright © 1976 by Rowohlt Verlag GmbH, Reinbek

Hansjörg Schertenleib (geb. 1957)
– Vienna Calling, S. 111
  Aus: Der stumme Gast. Gedichte. © 1989 by Verlag Kiepenheuer & Witsch, Köln

Robert Schindel (geb. 1944)
– Währinger Tanzlied, S. 131
  Aus: Geier sind pünktliche Tiere. Gedichte. Suhrkamp Verlag, Frankfurt am Main 1987
– Dreiuhrfrühkatarakt, S. 110
– Cafe Dobner – Epitaph, S. 134
– Ich wohne nirgends, S. 165
  Aus: Im Herzen die Krätze. Gedichte. Suhrkamp Verlag, Frankfurt am Main 1988

Julian Schutting (geb. 1937)
– Mooslackengasse, S. 103
  Aus: Traumreden. © 1987 Residenz Verlag, Salzburg und Wien

Richard Wagner (geb. 1952)
– Tortellini in Wien, S. 124
  Aus: Der Literaturbote. 18. Heft, 5. Jg. dipa-Verlag, Frankfurt am Main Juni 1990. Abdruck mit freundlicher Genehmigung des Autors

Ernst Waldinger (1896-1970)
– Wiener Elendsviertel, S. 97
– Wiener Winkelgasse, S. 102
– Die Traumstadt, S. 163
  Aus: Noch vor dem Jüngsten Tag. Ausgewählte Gedichte und Essays. Otto Müller Verlag, Salzburg 1990

Josef Weinheber (1892-1945);
– Vorfrühling in Schönbrunn, S. 65
– Kalvarienberg, S. 91
–Wienerisch, S. 138
  Aus: Wien wörtlich. Otto Müller Verlag, Salzburg 1986

Franz Werfel (1890-1945)
– Dezemberabend in Wien 1936, S. 108
– Der gute Ort zu Wien, S. 153
  Aus: Das lyrische Werk. © S. Fischer Verlag GmbH, Frankfurt
  am Main 1967

Michael Zeller (geb. 1944)
–Wien, S. 27
  Aus: Lust auf Blau & Beine. Gedichte, Dağyeli, Frankfurt am
  Main 1988

INHALT

III. BEZIRK: KURZE BESCHREIBUNG
DER UMGEBUNG WIENS

IV. BEZIRK: WIENER HINTERLASSENSCHAFT

V. BEZIRK: WIENERISCH

VI. BEZIRK: DER TOD, DAS MUSS EIN WIENER SEIN

VII. BEZIRK: WEGWÄRTS VON WIEN

Anthologien
im insel taschenbuch

163/1/8.92

Anthologien
im insel taschenbuch

163/2/8.92

Anthologien
im insel taschenbuch

163/3/8.92

Literatur und Reisen
im insel taschenbuch

Literatur und Reisen
im insel taschenbuch

Literatur und Reisen
im insel taschenbuch

158/3/8.92

Literatur und Reisen
im insel taschenbuch

158/4/8.92

Städte und Landschaften
im insel taschenbuch

169/1/8.92

Städte und Landschaften
im insel taschenbuch

169/2/8.92

Moslgan@hotmail.com,

Bibenwaldstr. 16

Killesberg
Bürgerhospital

Bücher KUPPITSCH   **7,20 EUR**

Wien im Gedicht

ISBN 3-458-33188-3
MM

WG 5
061103/2